Parliamo l'italiano!

65 Aufgaben für Konversationskurse

Danksagungen/ Grazie a...

An dieser Stelle möchte ich mich in erster Linie bei meinen SchülerInnen aus den Abendkursen in der Erwachsenenbildung bedanken, insbesondere bei meinen treuesten und langjährigen studenti Christian, Maria, Albina, Karin, Sylvia, Anita und Alice. Dieses Buch entstammt dieser Zusammenarbeit und war eine schöne Möglichkeit, unsere gemeisamen Kurse revue passieren zu lassen.

Dank gilt ebenso meinem guten Freund Alessandro, der Grund für meine Leidenschaft zur italienischen Sprache ist.

Abschließend danke ich meiner Familie, meinem wunderbaren Sohn Julian, meinen Eltern, meinem Bruder und meiner Oma.

Gewidmet ist dieses Buch auch meiner Freundin Sabine, welche die Inspiration zum Cover dieses Buches ist.

All den genannten Personen ist dieses Buch gewidmet.

GRAZIE A TUTTI DI CUORE!

MANUELA GASSNER
Parliamo l'italiano!
65 Aufgaben für
Konversationskurse

Bibliografische Information der Deutschen Nationalbibliothek: Die Deutsche Nationalbibliothek verzeichnet diese Publikation in der Deutschen Nationalbibliografie; detaillierte bibliografische Daten sind im Internet über http://dnb.dnb.de abrufbar.

© 2015 Mag. Manuela Gassner

Herstellung und Verlag: BoD – Books on Demand, Norderstedt

ISBN: 9783739210377

Inhaltsverzeichnis

1-   Discussione: Per me … è importante.

*"Non è importante aggiungere anni alla vita,
ma vita agli anni."*

Compiti:

1. Cosa vuol dire questo proverbio?

2. Qual è il significato di questo proverbio?

3. Usa questo proverbio per trovare la tua opinione personale
   rispondendo alle seguenti domande:

   a. Cos'è importante per te?
   b. Che cosa conta per te?
   c. Che cosa ti accontenta?
   d. Chi sono le persone e le cose più importanti per te?

[GRAMMATICA]
Fai le tue risposte usando:

- il superlativo relativo
- la costruzione *è importante + infinito*

2- <u>Discussione: La saggezza</u>

"La conoscenza parla, ma la saggezza ascolta."

<u>Compiti</u>:

1. Cosa vuol dire questo proverbio?

2. Qual è il significato di questo proverbio?

3. Usa questo proverbio per trovare la tua opinione personale rispondendo alle seguenti domande:

   a. Cosa vuol dire essere saggi secondo te?
   b. Com'è una persona saggia?
   c. Quando, perché e come si diventa saggi?

3-   Discussione: Amicizia

1. Hai tanti amici?
2. Hai un migliore amico o una migliore amica a cui dici tutto?
3. Hai amici all'estero?
4. Hai mai avuto grosse delusioni in amicizia?
5. Hai mai sofferto per amicizia?
6. Sei mai stato tradito da un'amica o un amico?
7. Quando un tuo amico ti dice un segreto, riesci a mantenerlo?
8. Cos'è per te l'amicizia?
9. Quali sono i criteri per la ricerca di un amico/a?
10. Come deve essere il "modello" di amico?
11. Come nasce l'amicizia?
12. Le differenze sociali, caratteriali, psicologiche, razziali possono ostacolare?
13. Prima amicizia e poi amore, è possibile?
14. Amicizia fra uomo e donna è possibile?
15. I compagni di scuola e i colleghi li consideri veri amici? È importante l'amicizia a scuola e al lavoro?
16. I genitori si possono considerare amici?
17. Cosa può rovinare un'amicizia?
18. Hai più facilità ad instaurare un'amicizia con un uomo o una donna?
19. È vero che gli amici diminuiscono con il passare degli anni?
20. Adesso le amicizie e gli amici per te sono più importanti di quando eri più giovane?
21. È possibile avere più migliori amici?

Compiti:

1. **Fai un'intervista ad un tuo compagno!**
2. **Scrivi un testo sull'amicizia, cosa ne pensi, ecc.**

4-   Discussione: Gli animali domestici

Vocabolario:
un acquario con pesci
i rettili
il serpente
un cane
un coniglio
un criceto/ un hamster
un gatto
un pappagallino   un topo
un pappagallo   una cavia
un ratto   una tartaruga

una femmina   - un maschio
un onnivoro   - un erbivoro   - un carnivoro

il pelo, i capelli
il foraggio; la pastura

la zampa   il veterinario
accarezzare   il guinzaglio

Compiti:

1. Rispondete alle seguenti domande:

   a. Quali sono i vantaggi di avere un animale domestico?
   b. Quali sono gli svantaggi? O quali problemi si potrebbero avere?
   c. Quale animale domestico hai già avuto?
   d. Quale animale domestico vorresti avere?
   e. Sei pro o contro avere un animale domestico?
   f. Cosa richiede un animale domestico?

2. I suoni: Che cosa va insieme?

1) Il cane? *abbaia*
2) Il gatto? *miagola*
3) La mucca ? *muggisce*
4) L' asino? *raglia*
5) Il cavallo? *nitrisce*
6) Il corvo? *gracchia*
7) L' Allodola? *trilla*
8) Il serpente? *sibila*
9) Il gallo? *canta*
10) Il pulcino? *pigola*
11) La mosca ? *ronza*
12) La pecora? *bela*
13) L' elefante? *barrisce*
14) La rana ? *gracida*
15) L' uccellino? *cinguetta*
16) Il topo? *squittisce*
17) Il maiale? *grugnisce*
18) L' ape? *bombisce*
19) La cicala? *frinisce*

20) Il cinghiale? *grugnisce*
21) La civetta? *stridisce*
22) Il coniglio? *ziga*
23) La cornacchia? *gracchia*
24) La gallina? *chioccia*
25) Il grillo? *frinisce*
26) Il leone? *ruggisce*
27) Il lupo? *ulula*
28) Il merlo? *fischia*
29) L' oca? *starnazza*
30) Il pavone? *paupula*
31) La rondine? *garrisce*
32) Il tacchino? *gloglotta*
33) La zanzara? *ronza*
34) Il pappagallo? *parla*

5- Nella vecchia fattoria

Nella vecchia fattoria ia-ia-o
Quante bestie ha zio Tobia ia-ia-o
C'è la capra-capra-ca-ca-capra
Nella vecchia fattoria ia-ia-o.

Attaccato a un carrettino ia-ia-o
C'è un quadrupede piccino ia-ia-o
L'asinello-nel-nè-nè-nel
C'è la capra-capra-ca-ca-capra
Nella vecchia fattoria ia-ia-o.

Tra le casse e i ferri rotti ia-ia-o
Dove i topi son grassotti ia-ia-o
C'è un bel gatto-gatto-ga-ga-gatto
L'asinello-nel-nè-nè-nel
C'è la capra-capra-ca-ca-capra
Nella vecchia fattoria ia-ia-o.

Così grasso e tanto grosso ia-ia-o
Sempre sporco a più non posso ia-ia-o

Nella vecchia fattoria ia-ia-o
Quante bestie ha zio Tobia ia-ia-o
C'è il maiale-iale-ia-ia-iale
C'è un bel gatto-gatto-ga-ga-gatto
L'asinello-nel-nè-nè-nel
C'è la capra-capra-ca-ca-capra
Nella vecchia fattoria ia-ia-o.

Nella vecchia fattoria ia-ia-o.
Alle prese con un osso ia-ia-o
C'è un bel cane-cane-ca-ca-cane
C'è il maiale-iale-ia-ia-iale
C'è un bel gatto-gatto-ga-ga-gatto
L'asinello-nel-nè-nè-nel
C'è la capra-capra-ca-ca-capra
Nella vecchia fattoria ia-ia-o.

Nella vecchia fattoria ia-ia-o
Quante bestie ha zio Tobia ia-ia-o
Dorme il bue-bue-bu-bu-bue
C'è un bel cane-cane-ca-ca-cane
C'è il maiale-iale-ia-ia-iale
C'è un bel gatto-gatto-ga-ga-gatto
L'asinello-nel-nè-nè-nel
C'è la capra-capra-ca-ca-capra
Nella vecchia fattoria ia-ia-o.

Quanti animali ci sono nella vecchia fattoria?

6- <u>Discussione: le mie abitudini alimentari</u>

Rispondete alle seguenti domande usando il vocabolario:

a. Fai colazione?
   Cosa ti piace bere, cosa ti piace mangiare?
b. Quando mangi di sera?
c. Qual è più ricco, la cena o il pranzo per te?
d. Mangi molti dolci? Quando li mangi?
e. Ti piacciono i prodotti da latte? Cosa ne mangi?

Il mio piatto preferito è….
Preferisco bere/ mangiare
(non) mi piace (per niente) …
Mangio/ bevo volentieri…
Ho un debole per….

<u>La colazione — lo spuntino — il pranzo — la cena</u>

I prodotti alimentari
Il pesce   la carne   le verdure la frutta   i dolci
Il caffè — le bevande zuccherate — l'acqua — il tè — l'alcol

7- Discussione: LE MIE VACANZE

"Piuttosto che far la fatica di far colonna in auto, meglio star casa e risparmiar soldi."

"La casa di un uomo è il proprio castello."

"Nessun posto è bello come casa mia."

Compiti:

1. Cosa vogliono dire questi proverbi?

2. Qual è il significato di questi proverbi?

3. Usa questi proverbi per trovare la tua opinione personale rispondendo alle seguenti domande:

   a. Una vacanza all'anno o di più?
   b. Vai in vacanza ogni anno?
   c. Andare in vacanza è importante per te?
   d. Con chi vai in vacanza?
   e. Dove ti piace andare in vacanza?
   f. Preferisci andare al mare o in montagna?
   g. Vai all'estero in vacanza?
   h. Le settimane bianche, la vacanza balneare, la vacanza relax, la vacanza alternativa, l'agriturismo, … che tipo di vacanza ti piace fare?

8- <u>Discussione: leggere</u>

„Leggeva. E così si regalava quello che la vita gli negava. "

<u>Compiti</u>:

1. Cosa vogliono dire questi proverbi?

2. Qual è il significato di questi proverbi?

3. Usa questi proverbi per trovare la tua opinione personale rispondendo alle seguenti domande:

a. A te piace leggere?
b. Quando leggi? Che leggi?
c. Presenta il tuo libro preferito!

<u>Discussione: leggere</u>

9-   Discussione: SIAMO GENITORI

<u>Compiti</u>:

1. **Trova la tua opinione personale rispondendo alle seguenti domande:**

   a. Figli o no?
   b. I tempi sono cambiati a proposito del cambiamento delle strutture della famiglia. In che senso?
   c. Un bambino o di più?
   d. Qual è la differenza tra figli e nipoti?
   e. Un figlio dovrebbe rivedere dai genitori…
   f. Qual è il tuo atteggiamento riguardo l'educazione?
   g. In che senso è importante l'istruzione?

2. **Fate dialoghi**

   a. Il figlio ha preso un brutto voto.
   b. Il figlio vuole abbandonare la scuola.
   c. Il figlio sembra prendere droghe.
   d. Il figlio sembra soffrire di un disturbo alimentare.
   e. Il figlio non parla più con te.
   f. il figlio è triste perché la sua ragazza lo ha lasciato.

10- __Discussione: la felicità__

„La gioia non la si trova negli oggetti che ci circondano, ma nel più profondo dell'anima." (Madre Teresa)

„La felicità non è avere quello che si desidera, ma desiderare quello che si ha." (O. Wilde)

„Quando avevo cinque anni, mia madre ripeteva sempre che la felicità è la chiave della vita. Quando andai a scuola, mi domandarono come volessi essere da grande. Io scrissi „felice". Mi dissero che non avevo capito il compito, e io dissi loro che non avevano capito la vita." (John Lennon)

<u>Compiti</u>:

   1. Cosa vogliono dire questi proverbi?

   2. Qual è il significato di questi proverbi?

   3. Usa questi proverbi per trovare la tua opinione personale rispondendo alla seguente domanda:
      Tu quando sei felice?

11- IL CONDIZIONALE 1 & IL CONGIUNTIVO IMPERFETTO

Endungen Condizionale 1:   Endungen Congiuntivo Imperfetto

io
tu
lui, lei, Lei
noi
voi
loro

3. Pers. Pl.: lavorare   3. Pers. Pl.: lavorare

io
tu
lui, lei, Lei
noi
voi
loro

Übersetze al Condizionale 1:

Ich wäre sehr erfreut.
Das wäre toll!
Ich hätte gerne einen Cappuccino!
Ich wünsche ein Doppelzimmer!
Könnte ich den Parkplatz benützen?

Übersetze in Se- Sätzen:
Regel: se + _____ , _____

- Eros Ramazzotti: *Se _____ (bastare) una bella canzone per far piovere l'amore,*
  _____ (cantare) ogni giorno per voi!
- Se al mondo _____ (regnare) l'amore, non _____ (bisognare) delle leggi.
- Se _____ (andare, noi) al ristorante Da Luciano presto, _____ (mangiare, noi) bene.
- Se _____ (avere, io) tempo, ti _____ (andare, io) a trovare domani!

12- Discussione: CHE FARESTI/ CHE AVRESTI FATTO SE…

Che faresti se…

- avessi più tempo libero?
- vincessi alla lotteria?
- potessi desiderare qualcosa?
- potessi incontrare una persona famosa, chi sarebbe e perché?

Che avresti fatto se…

- avessi studiato qualcos'altro?
- (non) avessi fondato una famiglia con dei figli?
- avessi potuto girare il tempo?

13-   Discussione: SE FOSSI...

Se fossi una stagione...

p.e.: *Se fossi una stagione, sarei la primavera perché è il momento di rinascita della natura. Tutti i colori e gli aromi sono in evidenza.*

Compiti:

1. Che stagione vorresti essere e perché?

[GRAMMATICA]
Fai le tue risposte usando:

se + cong. Imperfetto, Cond. 1

2. Gli studenti che hanno scelto la stessa stagione adesso formano un gruppo e poi si preparano per presentare perché ... è la loro stagione preferita.

14- Discussione: Le stagioni - L'INVERNO

Vocabolario:

Winter — l'inverno
Im Winter — in inverno
Weihnachten — Natale
Schneeflocke — il fiocco di neve
Schnee — neve
Schneien — nevicare
Schlitten — la slitta
Babbo Natale — Weihnachtsmann
Schneemann — pupazzo di neve
Skifahren — (andare a) sciare
Langlaufen — fare sci di fondo
Eislaufen — fare pattinaggio
Schneeball — la palla di neve
Schneeschaufel — la pala per la neve

Schaufeln — scavare
Kalt — freddo
Schal — lo scialle
Mütze — il berretto
Handschuhe — i guanti
WSW — la liquidazione di fine stagione
glatt — scivoloso
Heizung — il riscaldamento
Socken — i calzini
Silvester — Capodanno/ San Silvestro — fuochi d'artificio
Weihnachtsferien — le vacanze natalizie
Eiszapfen
Schneeballschlacht
winterlich

<u>Compiti</u>:

Rispondete alle seguenti domande:

   a. Ti piace l'inverno?
   b. Cosa ti piace, cosa non ti piace?
   c. Che fai d'inverno?

Non è per capriccio se nasco in un riccio.
Son buona, son bella lessata o in padella.
Son frutto autunnale, non faccio mai male,
mi trovo in montagna e son là...

Son frutto gustoso ho il riccio spinoso.
La buccia ho moretta son dolce e duretta.
Se in acqua son cotta mi chiamo ballotta.
Se al fuoco son posta io son caldarrosta.
Io vivo in montagna e mi chiamo....

Chi sono?

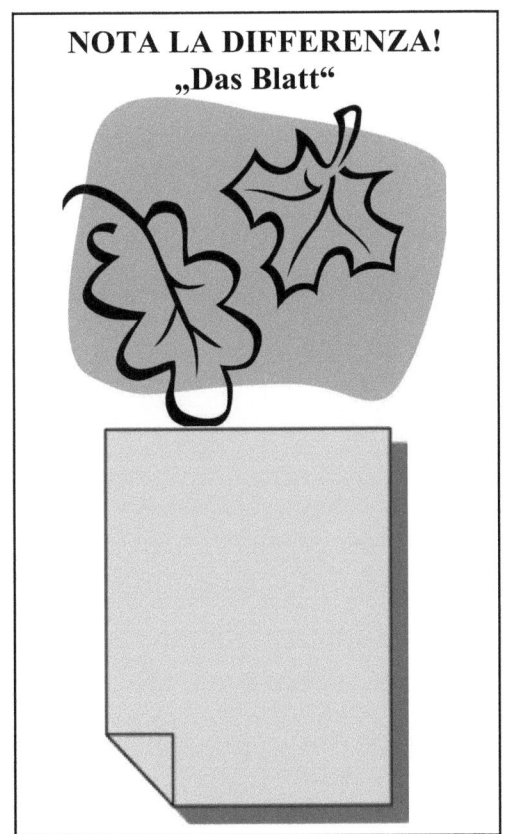

NOTA LA DIFFERENZA!
„Das Blatt"

16-   LE QUATTRO STAGIONI

Unterrichtsvorbereitung

- Bildvokabel zu Obst und Gemüse kopieren und Vokabel wegstreichen und gemeinsam übersetzen
- Video über die *pizza quattro stagioni* ansehen (AB)
- Vokabel- Lern- Spiele: „nella mia insalata/ macedonia metto... "
- Bilder pro Jahreszeit/ Arcimboldo mit Liste durchgehen
- Überprüfung pro Jahreszeit/ Arcimboldo (siehe anbei)
- modi di dire corrispondendo con il vocabolario della frutta e della verdura (lavori in gruppi che dopo devono presentare i più belli/ divertenti modi di dire)

PRIMAVERA	naso	testa	capelli	vestiti
ESTATE				
AUTUNNO				
INVERNO				

17- La pizza quattro stagioni

https://www.youtube.com/watch?v=LxPzNWuKl58

Ricetta per l'impasto

1 litro d'_____
circa 1,7 kg di _____ „un chilo e sette"
50 gr di _____
tra 3 e 5 gr di _____ madre o criscito

Vocaboli più importanti:

la bastardina (ciotola a sfondo sferico)
il criscito
digeribile
mantenersi meglio
azzeccarsi (attaccarsi)
la pagnottella
fare riposare
rilavorare
bucciardata
il panno
il pessetto
la stacca
la bollicina
bando alle ciance
l'esigenza
il separatore

Domande sul video:

1. Quali ingredienti servono per l'impasto?
2. Cos'è la bastardina?
3. Perché si consiglia di usare il criscito invece del lievito di birra?
4. Quanto tempo serve alla pagnottella per lievitare?
5. Quali sono le tre tipiche pizze napoletane?
6. Come nasce la pizza quattro stagioni?
7. Cosa sono i separatori?
8. Come viene farcita la pizza?

la paternità	restante	il soggetto
il volto	l'ortaggio	l'orlo
la capigliatura	comporre	il grano
la manica	incidere	spuntare
	la spiga	

L'estate è anche rappresentata da una donna rivolta a_____ . La _____ è costituita da _____ e _____ . Nei _____ ci sono le _____ . Una _____ forma la _____, il _____ è un _____, l`_____ forma una _____e il _____ è una spiga di _____ . Sul _____ si può leggere la scritta GIUSEPPE ARCIMBOLDO e l`_____ 1573. Dal _____ spunta un _____ .

Traduci e inserisci:

Artischocke
Augenbraue
Brust
Gemüse
Gurke
Gurke
Haare
Hals
Jahr
Kirschen
Kopf
Melanzani
Melanzani
Nase
Obst
Ohr
Ohr
Pfirsich
Rechts
Wange
Weizen

rivolgersi; floreale (ADJ); il petalo; il bocciolo; la corolla;
variopinto (ADJ); rigoglioso; la bacca; la belladonna; la
collana; ornare; vasto (ADJ); la selva; la foggia

Nella primavera c'è una grande _____ di _____ . Il capo è
_____ verso _____ . La _____ _____ una _____
di _____ . C´è un _____ al capo.

Traduci e inserisci:

Blumen	Frau	gerichtet
Kette	Lilie	links
trägt	Vielfalt	

"L'inverno" è rappresentato da un _____ . _____ è
un _____ che mostra alcune _____ che
rappresentano _____ dell`_____ .
La _____ è fatto da _____ e _____ . La bocca è
formata da due _____ .
_____ è una spaccatura nera del legno e _____ è un ramo
spezzato.
_____ sono _____ e piccole _____ .
La figura prende solo colore dai colori del _____ e
dell`_____ pendenti da un ramo _____ dal
_____ dell'uomo.
La veste dell'uomo è una stuoia di _____ con uno
_____ .

Traduci e inserisci:

Alten
Alters
Äste
Ästen
Bart
Blätter
Brust
Das Auge
das Ohr
Deformierungen
die Falten
Die Haare
kommend
Orange
Pilzen
Seine Haut
Stamm
Stroh
Wappen
Wurzeln
Zitrone

lineamento
grossolano
spuntare
tino
le doghe
il salice
reggere
il riccio
la peluria
la vite
la sommità
il giglio

È rappresentato da un _____ poco _____ con _____
_____ . Il collo è formato da due _____, il _____ è una
_____ e l'orecchio è un _____ con un _____ di
_____ . La _____ è un riccio della _____ e i
_____ sono _____ e viti e alle sommità c'è una _____ .

Traduci e inserisci:

Birnen
Feige
Freundlich
Gesichtszüge
Granatapfel
grob
Haare
Kastanie
Kinn
Kürbis
Lippe
Mann
Ohrring
Pilz
Trauben

18- **FRUTTA & VERDURE**

		Aubergine	melanzana
Ananas	ananas	Avokado	l'avocado
Apfel	mela	Bohne	i fagioli
Apricose	albicocca	Brokkoli	broccoli
Banane	banana	Brokkoli	il broccolo
Birne	pera	Champignon	il champignon
Blaubeere	mirtillo	Erbse	il pisello
Brombeere	la mora	Fenchel	il finocchio
Erdbeere	fragola	Frühlingszwiebel	il cipollotto
Granatapfel	melagrana	Gurke	il cetriolo
Grapefruit	pompelmo	Karfiol	il cavolfiore
Himbeere	lampone	Karotte	carota
Kirsche	ciliegia	Knoblauch	aglio
Kiwi	kiwi	Kohl	cavolo
Kokusnuss	noce di cocco	Kürbis	zucca
Mandarine	mandarino	Oliven	le olive
Mango	il mango	Paprika	il peperone
Melone	melone	Petersilie	prezzemolo
Nekatrine	la pescanoce	Pfefferoni	il peperoncino
Orange	arancia	Pfifferling	il finferlo
Pfirsich	pesca	Pilz	fungo
Pflaume	la prugna	Rabarbar	il rabarbaro
Rosine	l'uva passa	Radieschen	ravanello
Traubenkirsche	amarena	Salat	lattuga
Wassermelone	anguria	Spargel	l'asparago
Weintraube	uva	Tomate	pomodoro
Zitrone	limone	Zichorie	radicchio
		Zucchini	il zucchino
		Zwiebel	la cipolla
		rote Beete	la barbabietola
		Sellerie	il sedano
		Kürbis	la zucca
		Kartoffel	la patata

Compiti:

1. Cerca per ogni parola l'articolo!
2. Completa: „Nella mia macedonia metto..." (coda - plenum)
3. Completa: „Nel mio minestrone metto..." (coda — plenum)

19-   **PREGI & DIFETTI**

<u>Compiti:</u>

Per trovare la tua opinione personale rispondi alle seguenti domande:

1. Come vorresti che fosse il tuo partner ideale?
2. Quali caratteristiche ti piacciono in una persona? Quali non ti piacciono?
3. Tu come vorresti essere?
4. Qual è la tua caratteristica più buona, e qual è la più cattiva?
5. Qual è la tua caratteristica più costante?
6. Sei già cambiato? Perché lo volevi o era per le situazioni e occasioni che ti ha portato la vita?

[GRAMMATICA]
Vorrei che + congiuntivo imperfetto

20- GLI AGGETTIVI

ARIETE (21 Marzo - 20 Aprile)

PREGI
Onesti, coraggiosi, ambiziosi, estroversi, passionali, curiosi, dinamici, determinati, generosi, ottimisti
DIFETTI
Aggressivi, impulsivi, infedeli, sbadati, impazienti, incostanti, testardi, permalosi, egocentrici, irrazionali, esagerati

TORO (21 Aprile - 20 Maggio)

PREGI
Pazienti, fedeli, concreti, affidabili, responsabili, giudiziosi, passionali, educati, decisi, prudenti, costanti, metodici, precisi, razionali, buoni osservatori
DIFETTI
Testardi, diffidenti, orgogliosi, golosi, passivi, materialisti, gelosi

GEMELLI (21 Maggio - 21 Giugno)

PREGI
Intelligenti, liberi, vivaci, comunicativi, socievoli, curiosi, eclettici, versatili, dinamici, allegri
DIFETTI
Agitati, infedeli, ambigui, distratti, impazienti, irascibili, nervosi, superficiali, inaffidabili, incostanti

CANCRO (22 Giugno - 22 Luglio)

PREGI
Sensibili, comprensivi, romantici, affettuosi, emotivi, sognatori, legati al passato
DIFETTI
Lunatici, infedeli, timidi, passivi, diffidenti, influenzabili, ansiosi, indecisi, inaffidabili, malinconici, permalosi

LEONE (23 Luglio - 23 Agosto)

PREGI
Ambiziosi, ottimisti, solari, passionali, fiduciosi, coraggiosi, generosi, fedeli, onesti, determinati

DIFETTI
Impulsivi, irascibili, testardi, vanitosi, egocentrici, comandanti, spendaccioni, golosi

VERGINE (24 Agosto - 22 Settembre)
PREGI
Precisi, concreti, affidabili, ordinati, riflessivi, razionali, fedeli, prudenti, buoni osservatori
DIFETTI
Freddi, diffidenti, malinconici, solitari, insicuri, monotoni, permalosi

BILANCIA (23 Settembre - 22 Ottobre)

PREGI
Equilibrati, pazienti, diplomatici, fantasiosi, intuitivi, mediatori, educati, sensibili, teneri, eleganti, emotivi, romantici
DIFETTI
Ansiosi, sbadati, superficiali, infedeli, inaffidabili, indecisi, pigri

SCORPIONE (23 Ottobre - 22 Novembre)

PREGI
Passionali. coraggiosi, magnetici, fedeli, affascinanti, determinati, intuitivi, dinamici, ottimi osservatori
DIFETTI
Aggressivi, testardi, vendicativi, imprevedibili, diffidenti, gelosi, individualisti, trasgressivi, permalosi

SAGITTARIO (23 Novembre - 21 Dicembre)

PREGI
Ottimisti, liberi, espansivi, fiduciosi, ambiziosi, idealisti, intraprendenti, inclini al perdono, amanti dei viaggi, generosi, sereni, dinamici, cordiali, coraggiosi
DIFETTI
Impulsivi, infedeli, sbadati, superficiali, imprevedibili, incostanti

CAPRICORNO (22 Dicembre - 20 Gennaio)
PREGI
Affidabili, costanti, prudenti, ambiziosi, pazienti, maturi, realisti, sensibili, fedeli, razionali, determinati, riflessivi
DIFETTI
Freddi, diffidenti, avari, chiusi, malinconici, solitari, possessivi, testardi, duri, pessimisti

ACQUARIO (21 Gennaio - 19 Febbraio)
PREGI
Universalisti, mondani, indipendenti, simpatici, umanitari, anticonformisti, festaioli, ottimisti, dinamici, estroversi, tolleranti, sinceri, socievoli, inventivi, allegri
DIFETTI
Sbadati, folli, incostanti, freddi, distaccati, ribelli, imprevedibili

PESCI (20 febbraio - 20 marzo)
PREGI
Sensibili, teneri, romantici, comprensivi, fantasiosi, pazienti, passionali, emotivi, sognatori
DIFETTI
Lunatici, ansiosi, malinconici, timidi, infedeli, ambigui, inaffidabili, passivi, permalosi, indecisi

COMPITI:

Nel vostro gruppo chi ha lo stesso segno?
Confrontate se questi aggettivi corrispondono anche i vostri.

21- L´OROSCOPO

- **Cancro**

Saturno e Mercurio ti porteranno alcune novità a livello
lavorativo. Accetta qualsiasi proposta, anche se non sei sicuro
di esserne all'altezza. Possiedi le giuste capacità, quindi
abbi fiducia in te stesso. Plutone ti darà una scossa a livello
emotivo questa settimana: ti sentirai un po' troppo reattivo.
Se hai una sorella, lei potrebbe aver bisogno del tuo aiuto, o
tu potresti avere bisogno del suo, per una questione di
famiglia. Desideri solo pace e armonia e la riceverai entro la
metà della settimana, perché chiarirai un conflitto che ti sta
pesando molto

- **Leone**

Sarà un periodo molto emozionante, Urano e Marte ti stanno
portando molta energia e un po' di passione. Sarai tu ad
accenderla, a tirare fuori tutte le idee per uscire la sera e a
mandare messaggini sexy e divertenti. Ballerai nei posti più
esclusivi fino a tarda notte e non sarai mai stanco. Avrai un
aspetto radioso, perché il tuo stile è cool e la moda sarà
importante per te quest'anno. I nuovi trend si adatteranno ai
tuoi gusti, infatti, e tu troverai soluzioni intelligenti per
poter comprare ciò che ti piace di più.
Quali forme del futuro trovi in questi due tempi?

Widder	Ariete.
Stier	Toro.
Zwillinge	Gemelli.
Krebs	Cancro.
Löwe	Leone.
Jungfrau	Vergine.
Waage	Bilancia.
Skorpion	Scorpione.
Schütze	Sagittario.
Steinbock	Capricorno.
Wassermann	Acquario.
Fisch	Pesci.
Welches Sternzeichen bist Du?	Di che segno sei?
das Horoskop	l'oroscopo

Compito:

Scrivi un oroscopo per il/la tuo/a migliore amico/a!

22-   INTERVISTA A DIO

https://www.youtube.com/watch?v=mclDOzLdLNo

Compiti:

1. Ascolta il video senza leggere il testo.
2. Rispondi alle seguenti domande:

   a. Quali sono le cose (di cui ti ricordi) in cui sbagliamo secondo Dio?

   b. Quali sono le cose (di cui ti ricordi) che Dio poi ci propone?

3. Lavora con il testo:

   a. Completa le tue risposte per la domanda 2 con l'aiuto del testo.

   b. Come si traduce in tedesco "Imparino che…"? Che tempo è?

   c. Quali forme del passato remoto trovi?

4. Usa quest'intervista per trovare la tua opinione rispondendo alle seguenti domande:

   a. Quali sarebbero le domande che tu faresti a Dio?

   b. Che ne pensi della frase *"Vivete la vita come se non doveste morire mai"*. È giusto/ sbagliato fare così?

INTERVISTA A DIO (testo)

Ho sognato di fare
un'intervista a Dio!
"Ti piacerebbe intervistarmi?",
Dio mi domandò.
"Beh… se ne hai il tempo",
dissi io.
Dio sorrise!
"Il mio tempo è l'eternità…
comunque…
Che cosa vuoi sapere?"
"Eh… non so… Che cosa ti
sorprende dell'umanità?"
"Pensate con ansia al futuro,
dimenticando il presente.
Così che non vivete
né nel presente, né nel futuro!
Vivete la vita come se non
doveste morire mai,
e morite come se non aveste
vissuto mai….
Vi stancate presto di essere
bambini.
Avete fretta di crescere, e
poi…
…vorreste tornare bambini!
Perdete la salute per
guadagnare i soldi, e poi usate
i soldi per recuperare la
salute!"
Le mani di Dio presero le mie
e restammo in silenzio per un
po'.

Poi gli chiesi:
"Padre, che lezioni di vita
desideri
che i tuoi figli imparino?"
Dio sorrise, poi rispose:
"Imparino che non possono

costringere nessuno ad amarli.
Quello che possono fare è
lasciarsi amare!
Imparino che ciò che vale di
più
non è quello che hanno nella
vita,
ma che hanno la vita stessa!
Imparino che
non è bene paragonarsi agli
altri!
Imparino che una persona ricca
non è quella che ha di più,
ma è quella che si accontenta
dell'essenziale!
Imparino che bastano pochi
secondi
per aprire profonde ferite
nelle persone che si amano,
e ci vogliono molti anni per
sanarle!
Imparino a perdonare
praticando il perdono.
Imparino che ci sono persone
che li amano profondamente,
ma che non sanno come esprimere
o mostrare i loro sentimenti.
Imparino che due persone
possono vedere la stessa cosa
in due modi differenti.
Imparino che non è sempre
sufficiente essere perdonati
dagli altri…
…però sempre bisogna imparare
a perdonare se stessi.
E imparino soprattutto che io
sono sempre qui.
SEMPRE".

23- <u>La vita è bella</u>

<u>COMPITO:</u>
Guardate il film "la vita è bella" e poi fate un riassunto secondo il seguente modello:

"La vita è bella"
_____

(ist ein Film aus dem Jahre …, von …. → berühmt geworden, Oscar).
_____

(Charakter des Films (Tragödie, Liebesgeschichte, etc).
_____

(zentrale Themen des Films sind …)
_____
_____

(Film takes place)
_____

(Der Film besteht aus 1, 2 etc. Teilen, diese sind:)
_____
_____
_____
_____
_____

(1. Teil des Films — Inhalt):
_____
_____
_____

(2. Teil des Films — Inhalt):
_____
_____
_____

(3 Gründe/ Szenen, warum die Helden aus dem 1. Teil (Liebe etc) nicht zerstört werden))
_____
_____
_____

(Schluss des Films)
_____
_____
_____

La vita è bella (insegnante)

La vita è bella è un film dell´anno 1997 del regista Roberto
Benigni, che è diventato molto famoso con questo film,
ha persino vinto un Oscar.

Il film è un misto tra commedia e tragedia, tutti e due i tipi di
film rendono questo film molto speciale. È anche una storia d´amore.
Il film è tragico, comico e triste.

Il tema centrale de "La vita è bella" è l'antisemitismo, cioè l'odio
verso gli ebrei, quindi è un film sull´Olocausto.

Il film descrive il periodo nazista.

"La vita è bella" contiene due parti, queste sono:
La prima parte racconta la storia tra i due protagonisti Giudo e
Dora.
La seconda parte descrive la situazione nel campo di concentramento.

La prima parte: Storia d'amore
Giudo è un giovane ebreo pieno di allegria che si trasferisce con
l'amico Ferruccio nella città di Arezzo con l'intento di far
avverare il suo sogno di aprire una libreria, ma nel frattempo
lavora come cameriere in un albergo.
In città incontra Dora, una donna simpatica, timida e sensibile.
Dora è insegnante e figlia di una ricca famiglia. Dora è la promessa
sposa di un vecchio compagno di scuola. Però Giudo e Dora si
innamorano e alla fine della prima parte i due si sposano e nasce il
loro figlio Giosuè.

La seconda parte tratta della deportazione di Guido e il figlio nel
Lager, che però non distrugge gli eroi della storia:

- Guido dimostra il suo amore cercando in tutti i modi di
  comunicare con lei per farle sapere che lui e Giosuè stanno
  bene e che sono ancora vivi.
- Anche Dora dimostra di aver un grande senso della famiglia,
  perché decide di seguire figlio e marito nel lager — va
  volontariamente. Dora allora dimostra il suo amore sincero e
  assoluto.
- Per proteggere il figlio dall´orrore dell´Olocausto gli fa
  credere che tutto sia un gioco a premi.

Alla fine del film Guido dimostra il massimo grado del suo amore: il
sacrificio della propria vita solo per rivedere la sua principessa
per un´ultima volta.

24- I VERBI RIFLESSIVI

alzarsi	svegliarsi	incontrarsi
innamorarsi	addormentarsi	farsi
abbracciarsi	baciarsi	laurearsi
sentirsi	lavarsi	prepararsi
annoiarsi	sposarsi	arrabbiarsi
fermarsi	chiamarsi	vestirsi
divertirsi	riposarsi	rilassarsi
salutarsi	ricordarsi	sposarsi
innamorarsi	fidarsi	baciarsi
ammalarsi	chiamarsi	ferirsi

VERBI RIFLESSIVI

[1] https://ciaoitalia.files.wordpress.com/2014/09/specchioriflesso.jpg.

25- **LA STORIA DI NATALE**

Luca 2,1-20

1 In quei giorni un decreto di Cesare Augusto ordinò che si facesse il censimento di tutta la terra. **2** Questo primo censimento fu fatto quando era governatore della Siria Quirinio. **3** Andavano tutti a farsi registrare, ciascuno nella sua città. **4** Anche Giuseppe, che era della casa e della famiglia di Davide, dalla città di Nazaret e dalla Galilea salì in Giudea alla città di Davide, chiamata Betlemme, **5** per farsi registrare insieme con Maria sua sposa, che era incinta. **6** Ora, mentre si trovavano in quel luogo, si compirono per lei i giorni del parto. **7** Diede alla luce il suo figlio primogenito, lo avvolse in fasce e lo depose in una mangiatoia, perché non c'era posto per loro nell'albergo.

8 C'erano in quella regione alcuni pastori che vegliavano di notte facendo la guardia al loro gregge. **9** Un angelo del Signore si presentò davanti a loro e la gloria del Signore li avvolse di luce. Essi furono presi da grande spavento, **10** ma l'angelo disse loro: «Non temete, ecco vi annunzio una grande gioia, che sarà di tutto il popolo: **11** oggi vi è nato nella città di Davide un salvatore, che è il Cristo Signore. **12** Questo per voi il segno: troverete un bambino avvolto in fasce, che giace in una mangiatoia». **13** E subito apparve con l'angelo una moltitudine dell'esercito celeste che lodava Dio e diceva:

14 «Gloria a Dio nel più alto dei cieli
e pace in terra agli uomini che egli ama».

15 Appena gli angeli si furono allontanati per tornare al cielo, i pastori dicevano fra loro: «Andiamo fino a Betlemme, vediamo questo avvenimento che il Signore ci ha fatto conoscere». **16** Andarono dunque senz'indugio e trovarono Maria e Giuseppe e il bambino, che giaceva nella mangiatoia. **17** E dopo averlo visto, riferirono ciò che del bambino era stato detto loro. **18** Tutti quelli che udirono, si stupirono delle cose che i pastori dicevano. **19** Maria, da parte sua, serbava tutte queste cose meditandole nel suo cuore.

20 I pastori poi se ne tornarono, glorificando e lodando Dio per tutto quello che avevano udito e visto, com'era stato detto loro.

26-   IL PRESEPE

Vocabolario & Compito:
Cosa vedi nella pittura?

27- WORTSCHATZÜBUNGEN

1. „kriegen"

a) nie genug kriegen
b) einen Schrecken kriegen
c) ein Kind kriegen
d) die Erlaubnis kriegen
e) den Zug gerade noch kriegen

2. die Zeit

tempo	tempi	periodo	epoca	momento	ora

a) Sie malt die ganze Zeit.
b) Wie die Zeit vergeht!
c) zu einer anderen Zeit
d) zur Zeit
e) zur damaligen Zeit
f) zu meiner Zeit
g) zur Zeit der Kommunen
h) in der letzten Zeit
i) Das war die schönste Zeit meines Lebens!
j) Es ist nicht die richtige Zeit.
k) die Zeit nach dem Krieg
l) Es ist Zeit zu gehen.
m) Es ist höchste Zeit.
n) Es ist höchste Zeit, etwas zu tun.
o) Es ist eine Frage der Zeit.

3. „fremd"

sconosciuto	estraneo	straniero	altrui
un viso sconosciuto	*non dare confidenza agli estranei*		
una lingua straniera	*proprietà altrui*		

a) sich fremd fühlen
b) unter fremden Namen
c) fremd gehen
d) Es mutet mich fremd an.
e) Das Kind fremdelt.
f) Zutritt für Unbefugte verboten.

4. Ferien/ Urlaub

vacanze (scolastiche)	ferie (dal lavoro)

a) in den Ferien
b) die Ferien verbringen
c) Wie war dein Urlaub?
d) in Urlaub fahren
e) in den Sommerferien
f) Mir steht noch eine Woche Urlaub zu.

5. Nachrichten

notizia	messaggio	informazione	telegiornale,
giornale radio			

a) eine Nachricht hinterlassen
b) Nachrichten einholen
c) Ich habe in den Nachrichten gehört, dass ...
d) Nachrichtenagentur
e) Nachrichtendienst
f) Nachrichtensprecher

6. „erleben"

a) In den Ferien habe ich unheimlich viel erlebt.
b) Er hat seinen 50. Geburtstag nicht mehr erlebt.
c) Ich habe etwas Schönes erlebt!
d) Meine Großeltern haben zwei Kriege erlebt.
e) So böse habe ich sie noch nie erlebt.
f) Du wirst dein blaues Wunder erleben!
g) Um Italien kennen zu lernen, muss man den Alltag in der Stadt
   und auf dem Land erleben.

7. „aufgeregt"

emozionato	nervoso	agitato	eccitato

a) Vor der Prüfung war ich sehr aufgeregt.
b) Am Tag vor Weihnachten waern die Kinder ganz aufgeregt.
c) ein aufgeregtes Stimmengewirr

8. „halten"

a) Sie hielt mich für einen Engländer.
b) Ich halte ihn für einen sehr klugen Mann.
c) Da ich sie jedes Mal zusammen sah, hielt ich sie für ein
   Liebespaar.
d) Für wen halten Sie mich?
e) Wir halten sie für 40 Jahre.
f) Hältst du mich zum Narren?

9. "sich wünschen"

a) Ich wünsche euch alles Gute.
b) Ich wünsche mir, dass ihr pünktlich erscheint.
c) Wir wünschen dir, dass du bald wieder gesund wirst.
d) Was wünscht du dir zum Geburtstag?
e) Er hätte sich ein glücklicheres Leben gewünscht.
f) Ich wünsche mir, dass du etwas ernster wärest.
g) Sicher wünschten sich beide, dass es so sei.

10.   „besuchen"

BESUCH	BESUCHEN
visita; ospite	andare/ venire a trovare qualcuno;
far visita a qualcuno;	
visitare un museo, un paese; frequentare la scuola	

a) Ich bin hier zu Besuch.
b) Komm mich bald besuchen.
c) Der Arzt untersucht den Patienten.
d) Ich habe Besuch.
e) ungebetener Besuch
f) Der Besuch fährt morgen endlich wieder ab.
g) Wir müssen der Tante noch einen Besuch abstatten.

11.   „Frage"

domanda   questione   problema   discussione

a) eine Frage stellen
b) jdm eine Frage stellen
c) Was für eine Frage!
d) Es ist eine Frage der Zeit!
e) Die Frage bleibt offen.
f) Das ist eben die Frage.
g) Das ist eine andere Frage.
h) Das steht außer Frage.
i) in Frage stellen
j) Das kommt nicht in Frage.

12.   „immer"

immer wenn   *immer wieder*
ogni volta che, tutte le volte che, quando   continuare a + Inf.,
continuamente, spesso

immer noch   *wer/wo/wie/was auch immer*
ancora, tuttora   chiunque, dovunque, comunque, qualsiasi
cosa + Konjunktiv

13.   „mondo del crimine"

Beute   Verbrecher Dieb   Täter   Raub   Diebstahl   Wächter
colpevole   bottino   furto guardiano   delinquente
rapina   ladro

vorbestraft   mutmaßlich fesseln/ knebeln   festnehmen
*   sicherstellen*
imbavagliare arrestare recuperare   pregiudicato   presunto

14. „Bild"

quadro/ dipinto fotografia	immagine	figura/ illustrazione

a) ein Gemälde von Raffael
b) Das Italienbild hat sich verändert.
c) sich ein Bild von etwas machen
d) Das Buch enthält viele Bilder
e) Bilderbuch
f) in Bildern sprechen

15. Vergleiche anstellen

a) gegenüber
b) im Vergleich zu
c) im Gegensatz zu
d) im Unterschied zu
e) diesbezüglich
f) was ... betrifft/ bezüglich
g) außer

16. „Glück"

GLÜCK	UNGLÜCK
fortuna; felicità; gioia; successo disastro	sfortuna; disgrazia;

a) Viel Glück!
b) ein Glück, dass...
c) Glück im Unglück haben
d) irdisches Glück
e) Nichts trübte mein Glück.
f) Glück bei jemandem haben
g) Glück im Spiel, Pech in der Liebe
h) Es ist ein schreckliches Unglück passiert.
i) Flugzeugunglück

WORTSCHATZÜBUNGEN — SOLUZIONI PER L´INSEGNANTE

1. „kriegen"

a) non averne mai abbastanza
b) prendersi uno spavento
c) avere/ aspettare un bambino
d) avere il permesso
e) riuscire a prendere il treno per un pelo

2. die Zeit

a) Dipinge sempre.
b) Come passa il tempo!
c) in un altro momento
d) in questo periodo/ attualmente
e) a quell'epoca/ a quei tempi
f) ai miei tempi
g) all'epoca/ al tempo dei comuni
h) in questi ultimi tempi
i) È stato il più bel periodo della mia vita.
j) Non è il momento giusto.
k) il periodo dopo la guerra
l) È ora/ è tempo di andare.
m) Non c'è tempo da perdere.
n) È proprio arrivato il momento di fare qualcosa.
o) È questione di tempo.

3. „fremd"

a) sentirsi estranei
b) sotto falso nome
c) avere una relazione/ mettere la corna
d) Questa cosa mi sembra strana.
e) Il bambino fa il vergognoso/ è timido con gli estranei.
f) È vietato l'ingresso agli estranei.

4. Ferien/ Urlaub

a) durante le vacanze
b) passare/ trascorrere le vacanze
c) Come sono andate le vacanze?
d) andare in vacanza/ in ferie
e) nelle/ durante le vacanze estive
f) Mi spetta ancora una settimana di ferie.

5. Nachrichten

a) lasciare un messaggio
b) raccogliere informazioni
c) Ho sentito al telegiornale che ...
d) agenzia stampa
e) servizi segreti
f) annunciatore/ il "mezzobusto"

6. „erleben"

a) Durante le vacanze ho fatto tantissime cose.
b) Non è arrivato al suo cinquantesimo compleanno.
c) Ho fatto una bellissima esperienza. / Mi è successa una cosa molto bella.
d) I miei nonni hanno visto due guerre.
e) Non l'ho mai vista così arrabbiata.
f) Ne vedrai delle belle.
g) Per conoscere l'Italia bisogna sperimentare la vita quotidiana in città e in campagna.

7. „aufgeregt"

a) Prima dell'esame ero molto emozionato/ nervoso/ agitato.
b) La vigilia di Natale i bambini erano tutti eccitati.
c) un vocio concitato

8. „halten"

a) Mi considerava un inglese.
b) Lo ritengo un uomo intelligentissimo.
c) Siccome li vedevo ogni volta, pensavo che fossero una coppietta.
d) Ma per chi mi prende?
e) Le diamo quarant'anni.
f) Mi prendi per scemo?

9. "sich wünschen"

a) Vi auguro tante belle cose.
b) Desidero che arriviate puntuali. / Vorrei che arrivaste puntuali.
c) Ti auguriamo di guarire/ che tu guarisca presto.
d) Cosa desideri per il tuo compleanno?
e) Avrebbe desiderato (avere) una vita più felice.
f) Vorrei che tu fossi un po´ più serio.
g) Entrambe avrebbero desiderato che fosse così.

10.   „besuchen"

a) Sono qui in visita.
b) Vieni a trovarmi presto.
c) Il dottore visita il paziente.
d) Ho ospiti/ Abbiamo visite.
e) ospite indesiderato
f) Finalmente il nostro ospite domani riparte.
g) Dobbiamo ancora far visita alla zia.

11. „Frage"

a) fare una domanda
b) rivolgere una domanda a qualcuno
c) Che domanda!
d) È questione di tempo.
e) La questione/ il problema resta aperta/o.
f) Qui sta il problema. / Questo è il punto.
g) È tutta un'altra cosa.
h) È fuori discussione.
i) mettere in dubbio/ in discussione
j) Non se ne parla neanche.

14. „Bild"

a) un dipinto di Raffaello
b) L'immagine dell'Italia è cambiata.
c) farsi un'idea di ...
d) Nel libro ci sono molte illustrazioni.
e) libro illustrato
f) parlare per immagini/ per metafore

15. Vergleiche anstellen

a) verso gli/ nei confronti degli/ nei riguardi degli
b) rispetto agli/ a paragone degli/ in confronto agli
c) verso di/ nei miei confronti
d) rispetto a / al contrario di/ a differenza di
e) rispetto al / in confronto al
f) riguardo
g) tranne/ ad eccezione di

16. „Glück"

a) Buona fortuna!
b) è una fortuna che/ per fortuna che ...
c) avere fortuna nella sfortuna
d) felicità terrena
e) Nulla turbava la mia gioia.
f) avere successo con qualcuno
g) fortunato al gioco sfortunato in amore
h) È successa una terribile disgrazia.
i) disastro aereo

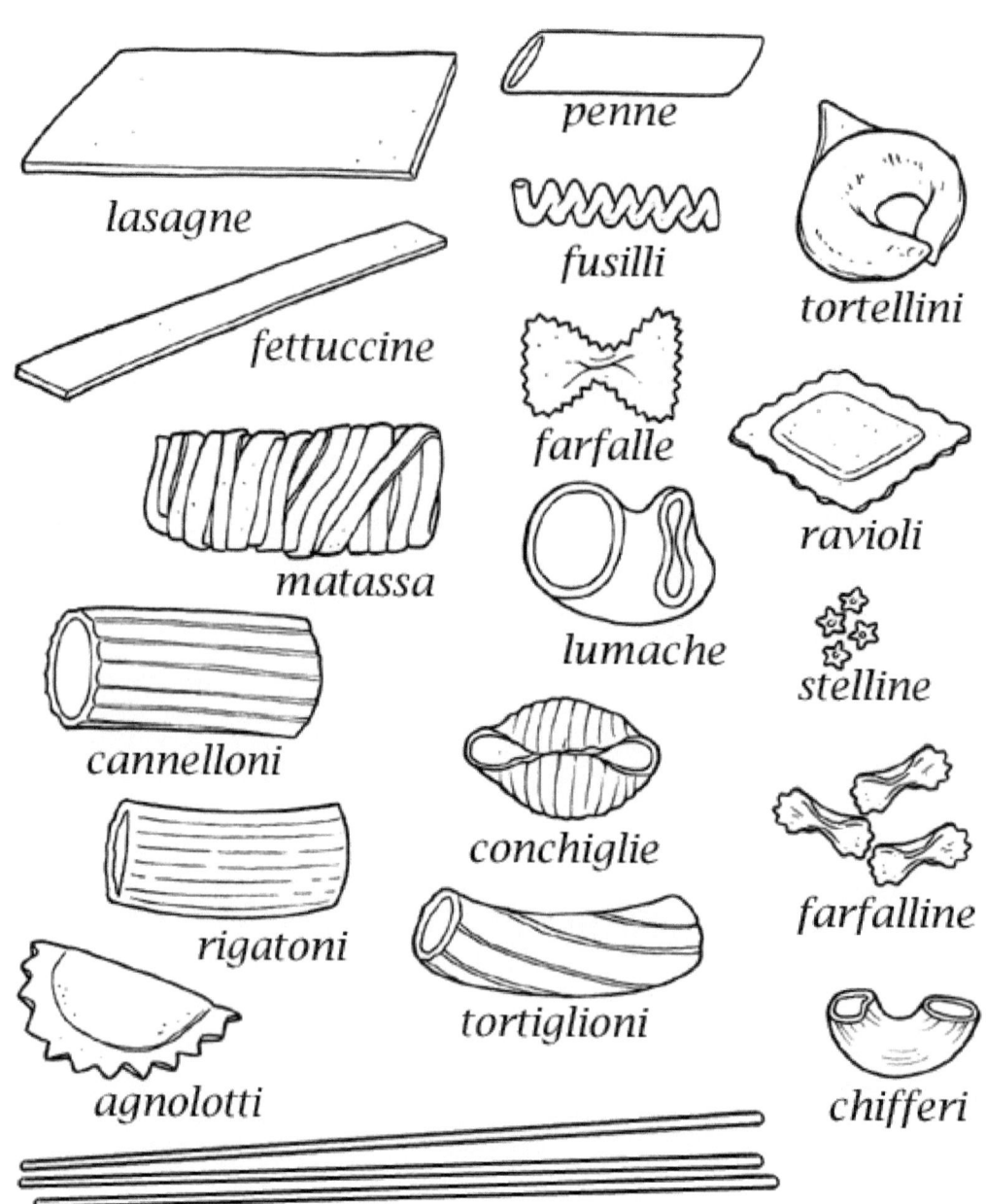

lasagne

penne

fusilli

tortellini

fettuccine

farfalle

matassa

lumache

ravioli

cannelloni

stelline

conchiglie

farfalline

rigatoni

tortiglioni

agnolotti

chifferi

spaghetti

Abbildung 1[2]

---

[2] http://www.midisegni.it/disegni/vari/tipi_pasta.gif.

 1. Non ti dico quanto …
 2. Allora siamo a posto, no?
 3. Hai fatto proprio un affare!
 4. Finalmente…
 5. Costa un sacco di soldi.
 6. Fatti vivo!
 7. Sei ancora vivo?
 8. Fammi pensare!
 9. Stammi bene!
10. Fammi sapere!
11. Stammi a sentire!
12. Dimmi un po'…!
13. Il fatto è che…
14. Non so se vale la pena…
15. Ci pensi Lei!
16. Facciamo così!
17. Mi raccomando!
18. Guardi che…
19. Che faccio?
20. D'accordo!
21. Non si preoccupi!
22. Guardi…
23. Figurati!

Compiti:

    1. Sai quando si usano questi modi di dire?
    2. Fate dialoghi in cui usate questi modi di dire!

30- USO DELL´ITALIANO II

Inserisci: *Scusa — figurati — mi raccomando — per favore — scusi — guardi — importa*

1. _____, Lei sa dov`é la piazza San Marco?
2. Un gelato con panna, _____ !
3. _____, signore, questo è il Suo tavolo!
4. A: _____, Paolo, ho dimenticato di telefonarti. B: Non _____, ce l'ho fatta* da solo.
   * *farcela/ ce l'ho fatta: schaffen, ich habe es geschafft*
5. _____, fumare è veramente vietato * in questo ristorante! * *vietato: verboten*
6. Ludo, è già tardi, fai i tuoi compiti, _____ !
7. A: Ti ho svegliato? Mi dispiace! B: Ma no, _____ !
   Volevo appena * alzarmi! *appena: gerade*

Quali espressioni di sopra sono giuste nelle seguenti situazioni?

1. Quando non hai sentito una persona per molto tempo:
2. Quando vuoi che una persona ti racconti qualcosa:
3. Quando vuoi che una persona ti ascolti:
4. Quando saluti un amico, dici:
5. Quando devo ancora pensare una cosa:
6. Quando vuoi che una persona ti racconti qualcosa:

1. Quando vuoi spiegare* una cosa: (*spiegare: erklären)
2. Quando vuoi fare una proposta*: (*proposta: Vorschlag)
3. Quando non sai cosa fare:
4. Quando vuoi che una persona non si preoccupi:
5. Quando sei d'accordo con una persona:
6. Quando non sei sicuro se una cosa è importante:
7. Quando vuoi presentare una certa cosa

31- UNA POESIA: VIENI PRESTO

(Alberto Amoroso)

Vieni presto e resta con me,
ti porterò là dove il mare
incontra e sposa il cielo.

Vieni presto e resta con me,
piacere e gioia ritroverai
che forse ancora ricorderai.

Vieni presto e resta con me,
nella piccola casa con il giardino
in mezzo ai fiori sarai regina.

Vieni presto e resta con me,
anche un solo istante, fatti rapire
dai miei sogni e poi sparire.

Vieni presto e resta con me,
ma fallo presto per favore,
l'amore è grande ma può finire.

Compiti:
Riflessioni e domande sul testo:

1. Dove sono i luoghi d'incontro?
2. Quali sono le sensazioni che prova lo scrittore?

32- CAPI D´ABBIGLIAMENTO E LA SFILATA

Compiti:

3. **Che metti nelle valigie? (gioco)**
   (samt Bildvokabel zu den Kleidungsstücken)

   Io nelle mie valigie metto .... e ... e....

4. **Fate una sfilata!**
   Prima guardate il video
   https://www.youtube.com/watch?v=QD55AhjVrIg&list=PLm4uG_S
   gTrpoKdnBBWVoyed3fDoXE8Wpq&index=3 (Giorgio Armani)

5. **E poi preparatevi a presentare un capo
   d'abbigliamento a vostra scelta.**
   (Descrizione del materiale ecc.)

   Oggi vi presento... è adatto per....

33- Completa la fila!

1. Padre, madre, …
2. Pioggia, vento, ...
3. Casa, appartamento, ...
4. bianco, nero, …
5. alto, basso, …
6. inverno, …
7. lunedì, …
8. a sinistra, a destra, …
9. gennaio, …
10. uno, due, …
11. penna, matita, …
12. bicchiere, bottiglia, …
13. vetro, carta, …
14. litro, centimetro, …
15. cena, pranzo, …
16. i verbi con essere
17. cane, …
18. fiume, mare, …
19. come? quando? …
20. ora, presto, …

Hai altre idee per continuare questo esercizio?

34- <u>LA MIA SETTIMANA TIPICA —
COSA MI PIACE FARE</u>

<u>Compiti:</u>

Descrivi la tua giornata tipica e anche il tuo fine settimana tipico. Usa diversi avverbi di frequenza! Di quali ti ricordi?

35- La musica italiana

- Quali cantanti italiani conosci?
- Qual è la tua canzone italiana preferita?
- Conosci i cantanti di questa canzone:

"Quando sono lontano sogno all'orizzonte e mancan le parole…"

"Senza una donna…"

"Sarà, sarà, l'Aurora…"

"Laura non c'è. È andata via, Laura non è più cosa mia."

36- **Canzone: VOLARE**

NEL BLU DIPINTO DI BLU (VOLARE)

Penso che un sogno così non ritorni mai più
Mi dipingevo le mani e la faccia di blu
Poi d'improvviso venivo dal vento rapito
E incominciavo a volare nel cielo infinito

Volare, oh oh...
Cantare, ohohoho...
Nel blu dipinto di blu
Felice di stare lassù

E volavo, volavo felice
Più in alto del sole ed ancora più su
Mentre il mondo pian piano spariva, lontano laggiù
Una musica dolce suonava soltanto per me

Volare, oh oh...
Cantare, ohohoho...
Nel blu dipinto di blu
Felice di stare lassù

Ma tutti i sogni nell'alba svaniscono perché
Quando tramonta, la luna li porta con sé
Ma io continuo a sognare negli occhi tuoi belli
Che sono blu come un cielo trapunto di stelle

Volare, oh oh...
Cantare, ohohoho...
Nel blu degli occhi tuoi blu
Felice di stare quaggiù

E continuo a volare felice
Più in alto del sole ed ancora più su
Mentre il mondo pian piano scompare negli occhi tuoi blu
La tua voce è una musica dolce che suona per me

Volare, oh oh...
Cantare, ohohoho...
Nel blu degli occhi tuoi blu
Felice di stare quaggiù

Nel blu degli occhi tuoi blu
Felice di stare quaggiù con te

VOLARE (Compiti)

1. Nella canzone una storia è raccontata. Che succede al narratore nel sogno? E come comincia il sogno?
2. Credi che al narratore piaccia che succede/ che sta facendo nel suo sogno?
3. Perché finisce il sogno? Che succede nella storia? Perché non può più…?
4. È brutto per il narratore che il sogno sia finito? Perché sì, perché no?
5. Ti piacerebbe volare in aereo?
6. Se tu potessi volare, che faresti, dove andresti?
7. Racconta al tuo partner del tuo sogno di ieri in cui hai volato. Racconta cosa hai visto, dove sei andato, …

37– Canzone: E ritorno da te
(Laura Pausini)

E ritorno da te nonostante il mio <u>orgoglio</u>
_____ ritorno perché altra _____ non c´è
_____ i giorni a un'altra <u>latitudine</u>
frequentando i posti dove ti _____
recitando i _____ e le _____ che ho _____
e ritorno da te dal _____ che è in me

Tu _____ se c´è _____ per me
un'altra _____, un'altra _____
se _____ sei tu
ancora di più un'altra canzone _____ e _____
Tu dimmi se ormai qualcosa _____ noi
c´è ancora _____ gli occhi tuoi,
Oh no...gli occhi tuoi
no...no no no no

E ritorno da te _____ ancora ti _____
e ritorno da te contra il vento che c´è
io ritorno perché ho _____ di te
oh oh
Di respirare _____ da questa <u>inquietudine</u>
e ritroverai mani forti su di me
e non _____ sempre così fragile
no no

Tu _____ solo se c´è _____ per me
un'altra _____ , un'altra _____
dimmi se _____ sei tu
ancora di più la nostra _____ che risuona
tu dimmi se ormai qualcosa _____ noi
c´è ancora _____ gli occhi tuoi, oh no...

Se _____ sei tu
una canzone _____ e _____
tu dimmi se ormai qualcosa _____ noi
c´è ancora _____ gli occhi tuoi,
Oh no...gli occhi tuoi
Dimmi solo se c´è e ritorno da te

38- <u>Canzone: La solitudine (Laura Pausini)</u>

Marco _____ n'è andato e non
_____ più
Il treno delle sette e
_____ senza lui
È un cuore di metallo senza
l'_____
Nel freddo del _____
grigio di città

A scuola il banco è vuoto,
Marco è _____ me
È_____ il suo respiro
_____ i pensieri miei
Distanze enormi sembrano
dividerci
Ma il cuore batte forte dentro
me

_____ *se tu me penserai*
Se con i tuoi non parli mai
Se ti _____ come me
Sfuggi ___ sguardi e te ne stai

Rinchiuso in camera e
non vuoi mangiare
stringi forte a te il _____
_____ non lo sai
Quanto altro male ti farà
la solitudine

Marco nel mio diario, ho una
fotografia
Ha gli occhi di bambino un poco
timido
La stringo forte al cuore e
sento che ci sei
Fra i compiti d'inglese e
matematica

Tuo padre e i suoi _____
_____ monotonia
Lui con il suo lavoro ti ha
portato via
Di certo il tuo parere non l'ha
chiesto mai
Ha detto: "un giorno tu mi
_____"

_____ *se tu me penserai*
Se con gli amici _____
Per non soffrire più per me
Ma non è facile lo sai

A scuola non ne _____ più
E i pomeriggi senza te
Studiare è _____
tutte le idee
Si affollano su te

Non è _____ dividere
La vita di noi due
Ti prego _____ , amore
mio
Ma illuderti non so

La solitudine fra noi
Questo _____ dentro me
è l'inquietudine di vivere
La vita senza te

Ti prego aspettami _____
Non _____ stare senza te
Non è _____ dividere
La storia di noi due
(2x)

La canzone ha partecipato al <u>Festival della Canzone Italiana di Sanremo</u> nel <u>1993</u>, ottenendo la vittoria nella sezione Novità e consentendo a Laura Pausini di raggiungere la popolarità nel proprio paese d'origine.

Domande sul contenuto della canzone

"E ritorno da te" *(Laura Pausini)*

Esercizio: Rispondi alle domande e cerca di trovare i passi del testo che corrispondono alle domande. Scrivili!

1. Perché la canzone si chiama **"E ritorno da te"** e non **"ritorno da te"**. Qual è la differenza per quanto riguarda la storia della canzone? Che significa veramente questo titolo?

2. Quali sono gli elementi dello **stato d'animo** in cui si trova la persona della canzone che sono menzionati? **Come si sente?** (5 sentimenti)

3. **Quali sono le cause perché ritorna?** (3 cause)

4. **Da cosa dipende il ritorno?** Dove cerca la risposta se ritorna? Che vorrebbe sapere?

5. Cosa fa nel frattempo, prima del possibile ritorno? (3 cose)

6. Dove/ da chi potrebbe ritornare? Perché ritorna? Cosa è successo? Immagina e scrivi una breve storia!

39- Canzone: Sei solo tu (Nek)

Perché mi _____ in ogni
_____
da ogni lato o prospettiva tu
perché se manchi stringe un nodo
e il respiro non mi
_____ più.
Perché non _____ mai perdono
ma se mi _____ non
ti stancheresti mai
e poi sai fare morire un
_____
con l'innocenza del pudore che non hai.
SEI SOLO TU
NEI GIORNI _____
SEMPRE PIU'
_____ ME
SEI SOLO TU
E DIMMI CHE
SONO QUESTO ORA ANCH'IO PER TE.
Perché sei bella che mi fai male
ma non ti _____ o forse
neanche tu lo sai
e poi la sera vuoi fare l'amore
ogni _____ come fosse l'ultima.
SEI SOLO TU (Pausini - Nek)
NEI GESTI _____
SEMPRE PIU' ORAMAI (Pausini - Nek)
SEI SOLO TU (Pausini - Nek)
_____ ME
tutto il resto è invisibile (Pausini - Nek)
cancellato ormai conquistato

dagli _____ tuoi
quel che resta poi
quel che resta sei (Pausini)
sei solo tu
sei solo tu (Pausini)
nei giorni _____ (Nek - Pausini)
sempre più
sei _____ me (Pausini - Nek)
sei solo tu
sei solo (Pausini)
a dirmi che (Nek - Pausini)
solo tu
sei _____ me (Pausini - Nek)
perché mi _____ in ogni
_____
da ogni lato o prospettiva tu
sei solo tu (Pausini)
perché se manchi stringe un nodo
e sono questo ora anch'io per te (Nek - Pausini)
sei solo tu
sei solo (Pausini)
nei giorni _____
sempre più
sei _____ me (Pausini - Nek)
sei solo tu
sei solo (Pausini)
e dimmi che (Pausini - Nek)
tutto il _____ non conta
ora non conta
tutto il resto sei solo tu (Nek - Pausini)

40-   **Canzone: Francesca (Lucio Battisti)**

_____ stai sbagliando chi hai _____ non ____ ,

non _____ Francesca.

Lei è _____ a casa che _____ me

non _____ Francesca.

Se c'era un uomo _____ ,

no, non _____ essere _____ .

Francesca _____ ha mai chiesto di_____ ,

chi sta sbagliando son certo _____ tu.

Francesca _____ ha mai chiesto di _____

perché

lei vive _____ me.

_____quell'altra è bionda, _____

non _____ Francesca.

Era vestita di _____, _____ _____

ma non _____ Francesca.

Se era abbracciata _____ ,

no, non può essere _____ .

Francesca _____ ha mai chiesto di _____ ,

chi sta sbagliano son certo _____ tu.

Francesca _____ ha mai chiesto di _____ ,

perché

lei vive _____ me.

Francesca (Compito)

<u>Compiti:</u>

1. <u>Domande sulla canzone:</u>

   a) La storia di questa canzone si basa su quante persone? (1 frase)

   b) E chi sono queste persone? (sesso, età, la relazione fra loro) (4 frasi)
   Chi è il narratore?

   c) Che succede? Qual è la storia? Cosa succede al narratore? (5 frasi)

   d) Qual è la vista sulla storia del narratore? (1 frase)

   e) Cosa sente il narratore — cosa credi? (immagina!) (1 frase)

2. <u>Fate un dialogo in 3! Il narratore, Francesca, e l'amico (2 situazioni)</u>

3. <u>Scrivi un testo! (10 frasi)</u>

   Cosa penseresti tu se una tua amica ti dicesse una storia del genere? / Crederesti alla storia o reagiresti come il narratore?
   Come reagiresti poi?
   Cosa diresti tu al tuo uomo/fidanzato dopo che la tua amica te l'avesse detto?

41- Canzone: Noi due (Nek)

La sala _____ piena e tu
_____ me
non ti ho mai vista
e _____ sta con te
forse la _____ dà strane
idee
scivolo nelle mie _____
penso che sei mia
che ti _____ via
noi due nel _____
noi due cercando
io e te il meglio che c'è
ti farei impazzire
saprei che _____
con te
solo te
giochi di sguardi ormai
_____ di noi
vuole baciarti _____ tu non
vuoi
nella monotonia mi ci schianto
ora ____ _____ e con la
scusa mi avvicino e poi?
noi due nel _____
noi due cercando
io e te nel tempo che c'è

ho te in testa
ho te e basta
con te fin quando ce n'è
e _____ stan chiudendo ma
resto _____
c'è una sedia accanto a me
sempre vuota di te
e così mi _____ in giro e
non ci sei
te ne sei _____
sala vuota e vado _____-
lui non è più con te
ridi camminando verso me
noi due nel mondo noi due
cercando
io e te il meglio che _____
ho te in _____
ho te e basta
con te fin quando ce n'è
noi due nel _____
noi due mai contro
io e te nel tempo che c'è
ho te in testa
ho te e basta
con te fin quando ce n'è

Compiti:

Domande sulla canzone:

    a) Chi sono le persone nel testo?
    b) Come si conoscono?
    c) Dove si svolge la situazione?
    d) Qual è la situazione?
    e) Dov'è e cosa sta facendo il cantante durante la storia?
    f) Qual è il cambio della situazione?

42- __INTERJEKTIONEN__

Quando si usano queste interiezioni e quali altre conosci?

Ahi!
Beh…
Boh.
Eh!

43- **LA FESTA DELLA MAMMA**

Grazie Mamma

*Grazie mamma perché mi hai dato
la tenerezza delle tue carezze,
il bacio della buona notte,
il tuo sorriso premuroso,
la dolce tua mano che mi dà sicurezza.
Hai asciugato in segreto le mie lacrime,
hai incoraggiato i miei passi,
hai corretto i miei errori,
hai protetto il mio cammino,
hai educato il mio spirito,
con saggezza e con amoremi
hai introdotto alla vita.
E mentre vegliavi con cura su di me
trovavi il tempoper i mille lavori di casa.
Tu non hai mai pensatodi chiedere un grazie.
Grazie mamma. Judith Bond*

Compito:

Cos'è una mamma per te? Per cosa la ringrazi?

44- **IL CORPO UMANO**

- Il braccio — le braccia
  o Le braccia lunghe/ corte/ proporzionate/
    sproporzionate/ robuste/ magre/ sottili
- La mano — le mani
  o Le mani grandi/ piccole
- Il dito — le dita
  o Le dita lunghe/ corte/ affusolate/ nodose
  o Il pollice, l'indice, il medio, l'anulare, il
    mignolo
  o Le dita delle mani/ dei piedi
- La voce
  o La voce stridula/ profonda/ armoniosa
- Lo sguardo
  o Intelligente/ profondo/ distratto/ attento/ vigile/
    fisso/ intenso
- Il capello — i capelli
  o Neri/ biondi/ bianchi/ castani/ rossi/ lisci/
    ondulati/ ricci/ crespi/ corti/ lunghi/ di media
    lunghezza/ raccolti
- Il corpo proporzionato/ sproporzionato/ muscoloso
- Il fisico atletico/ asciutto
- La testa
  o Piccola/ grande/ proporzionata/
- La fronte
  o Alta/ spaziosa/ bassa
- Il naso
  o Piccolo/ corto/ lungo/ dritto/ curvo
- Lo zigomo — gli zigomi
  o Gli zigomi alti
- La bocca
  o Piccola/ grande
- Il labbro — le labbra
  o Il labbro superiore/ inferiore
  o Le labbra carnose/ sottili/ rosa/ rosse
- L'occhio — gli occhi
  o Gli occhi rotondi/ a mandorla/ piccoli/ grandi/
    castani/ verdi/ blu/ neri/ grigi/ azzurri
- Le ciglia
  o Folte/ rade/ lunghe/ corte
- La faccia
- Il dorso
- Il busto
- Il gluteo — i glutei
- Euritmico/- a

Paesi che vai, usanze che trovi.
Dove sei già stato? Dove vuoi ancora andare?

46- **Proverbi italiani**

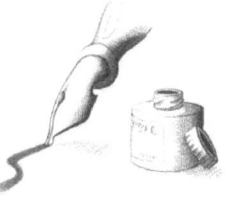

italiano	tedesco

Proverbi italiani (Insegnante)

A buon intenditore poche parole.
Einem Gelehrten ist gut predigen.

A carnevale ogni scherzo vale.
Im Karneval herrscht Narrenfreiheit.

A caval donato non si guarda in bocca.
Einem geschenkten Gaul schaut man nicht ins Maul.

A Natale con i tuoi, a Pasqua con chi vuoi.
Weihnachten feiere man im Familienkreise, Ostern mit wem man mag.

Acqua passata non macina più.
Was vorbei ist, ist vorbei.

Aiutati che Dio t'aiuta!
Hilf dir selbst, dann hilft dir Gott!

Al cuor non si comanda.
Dem Herzen kann man nicht befehlen.

Ambasciatore non porta pena.
Der Bote geht straffrei aus.

Amico di tutti, amico di nessuno.
Jedermanns Freund ist niemandes Freund.

Anche l'occhio vuole la sua parte.
Das Auge isst mit.

Bacco, tabacco e Venere riducono l'uomo in cenere.
Wein, Weib und Tabak schaufeln jedem Mann ein Grab. Wein, Weib und Gesang ist des Mannes Untergang.

Batti quando il ferro è caldo.
Schmiede das Eisen, solange es heiß ist.

Bisogna far buon viso a cattivo gioco.
Gute Miene zum bösen Spiel machen.

Buon sangue non mente.
Der Apfel fällt nicht weit vom Stamm.

Campa cavallo che l'erba cresce.
Da kannst du lange warten.

Can che abbaia non morde.
Hunde, die bellen, beißen nicht.

Canta che ti passa.
Nimm's nicht so schwer, es wird schon wieder gut.

Chi cerca trova.
Wer sucht, der findet.

Chi di spada ferisce di spada perisce.
Wer das Schwert nimmt, der soll durchs Schwert umkommen.

Chi di speranza campa, disperato muore.
Wer immer nur hofft, hofft vergebens.

Chi dorme non piglia pesci.
Faul bekommt nichts ins Maul.

Chi fa da sè fa per tre.
Selbst ist der Mann.

Chi ha tempo non aspetti tempo.
Verschiebe nicht auf morgen, was du heute kannst besorgen.

Chi la dura la vince.
Beharrlichkeit führt zum Ziel.

Chi la fa l'aspetti.
Wie du mir, so ich dir.

Chi non sa fare non sa comandare.
Schlechter Diener, schlechter Herr.

Chi pecora si fa, il lupo lo mangia.
Wer sich zum Schaf macht, den fressen die Wölfe.

Chi semina vento raccoglie tempesta.
Wer Wind sät, wird Sturm ernten.

Chi si contenta gode.
Der Zufriedene hat immer genug.

Chi tace acconsente.
Wer schweigt, stimmt zu.

Chi troppo vuole nulla stringe.
Wer zuviel will, erreicht das Gegenteil.

Chi trova un amico trova un tesoro.
Ein wahrer Freund ist Gold wert.

Chi va al mulino s'infarina.
Wer Pech angreift, besudelt sich.

Chi va con lo zoppo impara a zoppicare.
Schlechte Beispiele verderben gute Sitten.
Wer auf Krücken geht, lernt humpeln.

Chi va piano va sano e va

lontano.
Eile mit Weile, langsam kommt auch ans Ziel.

Chi vive sperando muore cantando.
Mit Harren und Hoffen hat's mancher getroffen.

Da cosa nasce cosa.
Eins kommt zum anderen.

Dagli amici mi guardi Iddio, che dai nemici mi guardo io.
Vor Freunden schütze mich Gott, vor Feinden schütze ich mich selbst.

Dimmi con chi vai e ti dirò chi sei.
Sage mir, mit wem du umgehst und ich werde dir sagen, wer du bist.

Errare è umano, perseverare è diabolico.
Irren ist menschlich, darauf beharren ist teuflisch.

Fidarsi è bene, non fidarsi è meglio.
Trau, schau, wem.

Finchè c'è vita c'è speranza.
Der Mensch hofft, solange er lebt.

Fra due litiganti il terzo gode.
Wenn zwei sich streiten, freut sich der Dritte.

Gallina vecchia fa buon brodo.
Das Alter hat auch seine Reize.

Gli ultimi saranno i primi.
Die Letzten werden die Ersten sein.

Il buon dì si vede dal mattino.
Was ein Häkchen werden will, krümmt sich beizeiten.

Il diavolo fa le pentole, ma non i coperchi.
Es ist nichts so fein gesponnen, es kommt doch ans Licht der Sonnen.

Il diavolo non è brutto quanto lo si dipinge.
Der Teufel ist nicht so schwarz, wie man ihn malt.

Il diavolo quando è vecchio si fa frate.
Wenn der Teufel alt wird, wird er fromm.

Il lupo perde il pelo ma non il vizio.

Die Katze lässt das Mausen nicht.

Il mondo è fatto a scale, chi le scende e chi le sale.
Der eine steigt, der andere fällt, das ist der Lauf der Welt.

Il riso abbonda sulla bocca degli stolti.
Am vielen Lachen erkennt man den Narren.

Il riso fa buon sangue.
Lachen ist gesund.

Il silenzio è d'oro e la parola è d'argento.
Reden ist Silber, Schweigen ist Gold.

Il tempo è denaro.
Zeit ist Geld.

Il troppo stroppia.
Allzu viel ist ungesund.

Impara l'arte e mettila da parte.
Gelernt ist gelernt.

In casa del diavolo non parlar di acqua santa.
Im Haus des Teufels spricht man nicht vom Weihwasser.

L'abito non fa il monaco.
Die Kutte macht noch keinen Mönch.

L'apparenza inganna.
Der Schein trügt.

L'appetito vien mangiando.
Der Appetit kommt beim Essen.

L'erba cattiva non muore mai.
Unkraut vergeht nicht.

L'erba del vicino è sempre più verde.
Des Nachbars Garten ist immer der schönere.

L'occasione fa l'uomo ladro.
Gelegenheit macht Diebe.

L'occhio del padrone ingrassa il cavallo.
Das Auge des Herrn macht die Kühe fett.

L'ospite è come il pesce: dopo tre giorni puzza.
Der Gast ist wie der Fisch, er bleibt nicht lange frisch.

L'ozio è il padre dei vizi.
Müßiggang ist aller Laster Anfang.

La corda troppo tesa si spezza.
Man soll den Bogen nicht überspannen.

La goccia scava la pietra.

Steter Tropfen höhlt den Stein.
La lingua batte dove il dente duole.
Wessen Herz voll ist, dem geht der Mund über.
La morte non guarda in faccia a nessuno.
Für den Tod sind alle Menschen gleich.
La notte porta consiglio.
Die Nacht bringt Rat.
La speranza è l'ultima a morire.
Der Mensch hofft, solange er lebt.
La via dell'inferno è lastricata di buone intenzioni.
Der Weg zur Hölle ist mit guten Vorsätzen gepflastert.
Le bugie hanno le gambe corte.
Lügen haben kurze Beine.
Lontano dagli occhi, lontano dal cuore.
Aus den Augen, aus dem Sinn.
Mal comune mezzo gaudio.
Geteiltes Leid ist halbes Leid.
Meglio soli che male accompagnati.
Besser alleine als in schlechter Gesellschaft.
Meglio tardi che mai.
Besser spät als nie.
Meglio un asino vivo che un dottore morto.
Lieber dumm leben als gescheit sterben.
Meglio un uovo oggi che una gallina domani.
Besser ein Spatz in der Hand als eine Taube auf dem Dach.
Moglie e buoi dei paesi tuoi.
Bleibe im Lande und nähre dich redlich.
Frauen und Ochsen soll man in der Heimat suchen.
Morto un papa se ne fa un altro.
Der König ist tot, es lebe der König!
Ne uccide più la lingua che la spada.
Eine böse Zunge ist schärfer als ein Schwert.
Nel pollaio non c'è pace se canta la gallina e il gallo tace.
Im Stall herrscht kein Frieden,

wenn das Huhn kräht und der Hahn schweigt.
Nessuna nuova, buona nuova.
Keine Nachricht, gute Nachricht.
Non c'è peggior sordo di chi non vuol sentire.
Tauben Ohren ist nicht gut predigen.
Non c'è rosa senza spine.
Keine Rose ohne Dornen.
Non destare il can che dorme.
Schlafende Hunde soll man nicht wecken.
Non è tutt'oro quel che luccica.
Es ist nicht alles Gold, was glänzt.
Non fare agli altri ciò che non vorresti fosse fatto a te.
Was du nicht willst, dass man dir tu', das füg auch keinem andern zu.
Non si parla di corda in casa dell'impiccato.
Im Hause des Gehenkten spricht man nicht vom Strick.
Non si può avere la botte piena e la moglie ubriaca.
Man kann nicht alles haben.
Non svegliar il can che dorme.
Schlafende Hunde soll man nicht wecken.
Non tutte le ciambelle riescono col buco.
Es geht nicht immer alles nach Wunsch.
Non tutto il male vien per nuocere.
Kein Unglück so groß, es hat ein Glück im Schoß.
Occhio non vede, cuore non duole.
Was ich nicht weiß, macht mich nicht heiß.
Ogni promessa è debito.
Was man verspricht, muss man halten.
Ognuno tira l'acqua al suo mulino.
Jeder denkt nur an sich.
Paese che vai, usanze che trovi.
Andere Länder, andere Sitten.
Passata la festa gabbato lo santo.
Ist das Fest vorbei, so lacht man des Heiligen.

Quando il gatto non c'è i topi ballano.
Wenn die Katze fort ist, tanzen die Mäuse auf dem Tisch.

Quando la nave affonda i topi scappano.
Die Ratten verlassen das sinkende Schiff.

Quel che puoi fare oggi non rimandarlo a domani.
Verschiebe nicht auf morgen, was du heute kannst besorgen.

Ride bene chi ride ultimo.
Wer zuletzt lacht, lacht am besten.

Rosso di sera, bel tempo si spera, rosso di mattina, la pioggia si avvicina.
Abendrot, Gutwetterbot, Morgenrot, Schönwettertod.

Sbagliando s'impara.
Aus Fehlern lernt man.

Scherza coi fanti e lascia stare i santi.
Treibe nur deinen Spott, lass aber heilige Dinge aus dem Spiel.

Scherzo di mano scherzo da villano.
Handgreiflich werden nur Flegel.

Se ai sessanta sei vicino, lascia le donne e scegli il vino.
Gehst du auf die Sechzig zu, wähle den Wein
und lass die Frauen sein.

Se la montagna non va da Maometto, Maometto andrà alla montagna.
Wenn der Berg nicht zum Propheten kommt, so muss der Prophet zum Berge kommen.

Se non è zuppa è pan bagnato.
Es ist gehupft wie gesprungen.

Se son rose fioriranno.
Es wird sich ja zeigen.

Si dice il peccato ma non il peccatore.
Man nennt die Sünde, nicht aber den Sünder.

Tanto va la gatta al lardo che ci lascia lo zampino.
Mit Speck fängt man Mäuse.

Tra il dire e il fare c'è di mezzo il mare.
Zwischen Tun und Sagen liegen Welten.

Tra moglie e marito non mettere il dito.
Lass Eheleute ihre Streitigkeiten allein ausfechten!

Troppi galli a cantar non fa mai giorno.
Viele Köche verderben den Brei.

Tutte le strade portano a Roma.
Alle Wege führen nach Rom.

Tutti i nodi vengono al pettine.
Es ist nichts so fein gesponnen, es kommt doch ans Licht der Sonnen.

Un po' per uno non fa male a nessuno.
Wenn jeder etwas gibt, tut es keinem weh.

Uomo avvisato mezzo salvato.
Wer gewarnt ist, ist fast gerettet.

Val più la pratica della grammatica.
Probieren geht über Studieren.

Vive bene chi prende il mondo come viene.
Glücklich, wer das Leben nimmt, wie es kommt.

1. corpo umano

una cosa da leccarsi i *baffi*
etw, nach dem man sich die
Finger lecken kann
ridere sotto i *baffi*
sich ins Fäustchen lachen
mi fa un *baffo*
das kümmert mich einen Scheiß
che *barba*!
wie langweilig!
in *barba* a qualcuno
jdm zum Trotz
far venire la *barba*
langweilig sein
restare a *bocca* aperta
mit offenem Mund dastehen
restare a *bocca* asciutta
leer ausgehen
essere di *bocca* buona
nicht wählerisch sein
acqua in *bocca*!
kein Wort darüber!
**dire qualcosa per *bocca* di
qualcuno**
etw durch einen anderen sagen
in *bocca* al lupo!
Hals- und Beinbruch! /
toi, toi, toi!
avere la *bocca* cattiva
einen schlechten Nachgeschmack
haben
rifarsi la *bocca*
den schlechten Geschmack aus
dem Mund vertreiben
storcere la *bocca*
den Mund verziehen
tenere la *bocca* chiusa/cucita
den Mund halten
essere sulla *bocca* di tutti
in aller Munde sein
fare le *boccacce*
Grimassen schneiden
avere molte *bocche* da sfamare
viele Mäuler zu stopfen haben
mangiare un *boccone*
einen Happen essen
non torcere neppure un *capello*
jdm kein Haar krümmen
spaccare un *capello* in quattro
Haarspalterei betreiben
avere più debiti che *capelli*
mehr Schulden haben als Haare
auf dem Kopf

cose da far rizzare i *capelli*
haarsträubende Dinge
**far venire i *capelli* bianchi a
qualcuno**
jdm graue Haare verursachen
mettersi le mani nei *capelli*
sich die Haare raufen
prendersi per i *capelli*
sich in die Haare geraten
tirar qualcuno per i *capelli*
jemanden zwingen, etwas zu tun
averne fin sopra i *capelli*
die Nase gestrichen voll haben
**non mi passa per l'anticamera
del *cervello***
daran denke ich nicht mal im
Traum
essere indebitato fino al *collo*
bis zum Hals in Schulden
stecken
rompersi l'osso del *collo*
sich den Hals (das Genick)
brechen
prendere qualcuno per il *collo*
jdn am Kragen packen / jdn
nötigen
avere la testa sul *collo*
Verstand haben
essere con la corda al *collo*
den Kopf in der Schlinge haben
mettersi il *cuore* in pace
resignieren
**avere il *dente* avvelenato
contro qualcuno**
jemanden gefressen haben
legarsela al *dito*
das werde ich mir hinter die
Ohren schreiben
***faccia* a faccia**
unter vier Augen
***faccia* da schiaffi**
Ohrfeigengesicht
alla *faccia* tua!
dir zum Trotz!
dire le cose in *faccia*
die Dinge ins Gesicht sagen
**non guardare in *faccia* a
nessuno**
auf niemanden Rücksicht nehmen
perdere/salvare la *faccia*
sein Gesicht verlieren/wahren
***faccia* tosta/di bronzo**
unverschämte (dreiste) Person
avere *fegato*

Mut haben
essere in *gamba*
auf Draht sein / auf der Höhe
sein
prendere qualcosa sotto *gamba*
etw auf die leichte Schulter
nehmen
darsela a *gambe*
sich davonmachen
cadere a *gambe* all'aria
aufs Kreuz fallen
correre a *gambe* levate
die Beine in die Hand nehmen
mettersi la coda fra le *gambe*
den Schwanz einziehen
**voler raddrizzare le *gambe* ai
cani**
einen Mohren bleichen wollen
mettersi la coda tra le *gambe*
den Schwanz einziehen
**andarsene con la coda tra le
*gambe***
wie ein begossener Pudel
abziehen
alzare il *gomito*
einen heben
farsi largo a forza di *gomiti*
die Ellbogen benutzen
**pendere dalle *labbra* di
qualcuno**
an jds Lippen hängen
mordersi le *labbra*
sich auf die Lippen beißen
mala *lingua*
böse Zunge
mordersi la *lingua*
sich auf die Zunge beißen
avere la *lingua* lunga
eine lose (böse) Zunge haben
avere la *lingua* sciolta
ein flinkes (gutes) Mundwerk
haben
**avere qualcosa sulla punta
della *lingua***
etw auf der Zunge haben
non aver peli sulla *lingua*
kein Blatt vor dem Mund nehmen
avere le *mani* lunghe
lange Finger machen
***mani* pulite / sporche**
saubere/dreckige Hände
venire alle *mani*
handgemein (handgreiflich)
werden
lavarsene le *mani*
seine Hände in Unschuld waschen
mettere le *mani* avanti
Vorkehrungen treffen

avere le *mani* bucate
das Geld mit vollen Händen
ausgeben
stare con le *mani* in *mano*
die Hände in den Schoß legen
avere le *mani* in pasta
seine Hand im Spiel haben
avere le *mani* legate
an Händen und Füßen gebunden
sein
mano* a *mano
nach und nach
essere alla *mano*
zur Verfügung stehen
a portata di *mano* / sotto *mano*
bei der Hand, (griff)bereit
toccare con *mano* qualcosa
sich einer Sache vergewissern
fuori *mano*
abgelegen, entlegen
fare la *mano* morta
zudringlich werden
avere la *mano* pesante
grob sein
**mettere la *mano* sul fuoco per
qualcuno**
für jdn die Hand ins Feuer
legen
dare una *mano*
jdm zur Hand geben / jdm helfen
avere un buon *naso*
einen guten Riecher haben
restare con tanto di *naso*
ein langes Gesicht machen
**ficcare il *naso* negli affari
altrui**
die Nase in anderer Leute
Angelegenheiten stecken
arricciare il *naso*
die Nase rümpfen
menare uno per il *naso*
jdn an der Nase herumführen
**non vedere più in là del
proprio *naso***
nicht über die eigene
Nasenspitze hinaussehen
***occhio* clinico**
geübtes Auge (des Arztes)
***occhio* di falco/lince**
Falkenauge
a *occhio* e croce
schätzungsweise, ungefähr, etwa
a colpo d'*occhio*
roh geschätzt, über den Daumen
gepeilt
a perdita d'*occhio*
so weit das Auge reicht
a vista d'*occhio*

zusehends
in un batter d'*occhio*
im Nu / im Handumdrehen
non perdere d'*occhio*
jdn nicht aus den Augen lassen
dare nell'*occhio*
jdm ins Auge fallen, jdm
auffallen
costare un *occhio* (della testa)
ein Heidengeld kosten
a *occhi* chiusi
blindlings
dormire a *occhi* aperti
mit offenen Augen schlafen
non credere ai propri *occhi*
seinen eigenen Augen nicht
trauen
guardare con *occhi* di triglia
jdn anschmachten
aprire gli *occhi*
die Augen öffnen (aufschlagen)
rifarsi gli *occhi*
etw Erfreuliches ansehen
mangiare qualcuno con gli *occhi*
jdn mit den Augen verschlingen
aprire gli *occhi* a qualcuno
jdm über etw die Augen öffnen
**tenere gli *occhi* addosso a
qualcuno**
ein Auge auf jdn werfen
tenere gli *occhi* bene aperti
die Augen offen lassen, auf der
Hut sein
**avere gli *occhi* foderati di
prosciutto**
Tomaten auf den Augen haben /
nichts sehen wollen
**ha gli *occhi* fuori dalle orbite
(dalla testa)**
ihm treten (quellen) die Augen
hervor
a quattr'*occhi*
unter vier Augen
essere tutt'*occhi*
ganz Auge sein
perdere il lume degli *occhi*
außer sich sein
non sentirci da un *orecchio*
auf diesem Ohr taub sein
**entrare da un *orecchio* e uscire
dall'altro**
zum einen Ohr rein- und zum
anderen wieder rausgehen
mettere una pulce nell'*orecchio*
jdm einen Floh ins Ohr leihen
fare *orecchio* da mercante
sich taub stellen
dare una tiratina d'*orecchi*

jdm die Ohren langziehen
star con gli *orecchi* tesi
die Ohren spitzen
essere tutt'*orecchi*
ganz Ohr sein
giocarsi la *pelle*
sein Leben aufs Spiel setzen
lasciarci/rimetterci la *pelle*
sein Leben dabei einbüßen
salvar la *pelle*
mit heller Haut davonkommen
avere la *pelle* d'oca
eine Gänsehaut haben
avere la *pelle* dura
ein dickes Fell haben
non stare più nella *pelle*
es nicht mehr abwarten können
**non voler essere nella *pelle* di
qualcuno**
nicht in jds Haut stecken mögen
amici per la *pelle*
Busenfreunde / Freunde fürs
Leben
**essere una palla al *piede* di
qualcuno**
jdm ein Klotz am Bein sein
darsi la zappa sui *piedi*
sich ins eigene Fleisch
schneiden
essere con un *piede* nella tomba
mit einem Fuß im Grabe stehen
avere il *sangue* blu
blaublütig sein
farsi il *sangue* amaro
sich ärgern
avere il *sangue* che bolle
jähzornig sein
avere un peso sullo *stomaco*
ein Schweregefühl im Magen
haben
a *testa* alta
erhobenen Hauptes
dare alla *testa*
zu Kopf steigen
colpo di *testa*
Kurzschlusshandlung
avere la *testa* fra le nuvole
in den Wolken schweben
**non sapere dove sbattere la
*testa***
weder aus noch ein wissen
perdere la *testa* per qualcuno
wegen jdm den Kopf verlieren
scommettere la *testa*
um seinen Kopf wetten
tirare fuori le *unghie*
die Krallen zeigen
cadere nelle *unghie* di qualcuno

jdm in die Hände fallen

2. corpo e anima

in *carne* **ed ossa**
leibhaftig
essere bene in *carne*
gut im Fleisch stehen
non essere nè *carne* **nè pesce**
weder Fisch noch Fleisch sein
darsi *anima* **e corpo a qualcuno**
sich jdm mit Leib und Seele
hingeben
rendere l'*anima*
seinen Geist aushauchen
rompere l'*anima* **a qualcuno**
jdn belästigen
agire con *coscienza*
gewissenhaft handeln
in *coscienza*
Hand aufs Herz
avere la *coscienza* **pelosa**
ein schlechtes Gewissen haben
avere un peso sulla *coscienza*
etw auf dem Gewissen/Herzen
haben
mettersi una mano sulla
coscienza
mit sich ins Gericht gehen
parola
rimangiarsi la parola
sein Wort zurückziehen
capire l'antifona
den Hinweis verstehen
parlare arabo
Chinesisch sprechen
far cantare qualcuno
jdn zum Singen bringen
fare il filo a qualcuno
jdm den Hof machen
perdere il filo del discorso
den Faden verlieren
non fare una grinza
einwandfrei sein / aufs Haar
stimmen
dare i numeri
unverständliches Zeug reden /
sich seltsam benehmen
cercare il pelo nell'uovo
das Haar in der Suppe suchen
mettere i puntini sulle i
Klarheit in die Sache bringen
fare il punto
die Position bestimmen
leggere tra le righe
zwischen den Zeilen lesen
rispondere per le rime

eine entsprechende Antwort
geben
vuotare il sacco
auspacken
discutere sul sesso degli
angeli
sich um des Kaisers Bart
streiten
arrampicarsi sugli specchi
sich aufs Glatteis begeben
essere una tomba
schweigen wie ein Grab
chiudi il becco!
halt's Maul
mandare qualcuno al *diavolo*
jemanden zum Teufel schicken
mandare tutto al *diavolo*
alles zur Hölle wünschen
va al *diavolo*!
schere dich zum Teufel!
vendere l'*anima* **al** *diavolo*
seine Seele dem Teufel
verschreiben
saperne una più del *diavolo*
mit allen Wassern gewaschen
sein
stare a casa del *diavolo*
am Ende der Welt wohnen
essere come il *diavolo* **e**
l'acqua santa
wie Hund und Katze sein
avere il *diavolo* **in corpo**
den Teufel im Leib haben
avere un *diavolo* **per capello**
fuchsteufelswild sein

3. animali

mondo *cane*!
Scheißwelt
vita da *cani*
Hundeleben
essere come *cane* **e** *gatto*
wie Hund und Katze sein
essere solo come un *cane*
einsam und verlassen sein
non c'era un *cane*
es war kein Schwein da
sentirsi come un *cane* **bastonato**
sich wie ein geprügelter Hund
fühlen
fa un freddo *cane*
es ist hundekalt
legare l'*asino* **dove vuole il**
padrone
sein Mäntelchen nach dem Wind
hängen
qui casca l'*asino*

da liegt der Hund begraben
andare con il *cavallo* di San Francesco
auf Schusters Rappen reiten
lacrime di *coccodrillo*
Krokodilstränen
avere un cervello di *gallina*
ein Spatzenhirn haben
andare a letto con le *galline*
mit den Hühnern zu Bett gehen
fare la parte del *leone*
sich den Löwenanteil nehmen
sano come un *pesce*
gesund wie ein Fisch im Wasser
sentirsi come un *pesce* fuor d'acqua
sich wie ein Fisch auf dem Trockenen fühlen
non sapere che *pesci* pigliare
nicht wissen, was man tun soll
questo fa ridere i *polli*
da lachen ja die Hühner!
conoscere i propri *polli*
seine Pappenheimer kennen
non cavare un *ragno* dal buco
auf keinen grünen Zweig kommen
ingoiare il *rospo*
in den sauren Apfel beißen

che *cavolo* vuoi?
was zum Kuckuck willst du?
col *cavolo*!
von wegen! / erst recht nicht!
testa di *cavolo*
Kohlkopf
entrarci come il *cavolo* a merenda
passen wie die Faust aufs Auge
non capire un *cavolo*
nicht die Bohne verstehen
non me ne importa un *cavolo*
das kümmert mich einen Dreck
sono *cavoli* tuoi
das ist dein Bier
capitare a *fagiolo*
wie gerufen kommen
non me ne importa un *fico* secco
das ist mir Wurscht
non valere un *fico* secco
keinen Pfifferling wert sein

***acqua* in bocca!**
still!
una ragazza *acqua* e sapone
eine natürliche Schönheit
fare *acqua* da tutte le parti

hinken
è ormai *acqua* passata
das ist Schnee von gestern
è come bere un bicchier d'*acqua*
das ist kinderleicht
avere l'*acqua* alla gola
das Wasser steht jdm bis zum Hals
affogare in un bicchier d'*acqua*
über einen Strohhalm stolpern
tirare l'*acqua* al proprio mulino
nur an den eigenen Vorteil denken
intorbidire le *acque*
absichtlich Verwirrung stiften
lavorare sott'*acqua*
im Trüben fischen
fare un buco nell'*acqua*
etw auf Sand setzen
affogare in un bicchier d'*acqua*
über einen Strohhalm stolpern
navigare in cattive *acque*
sich in übler Lage befinden
calmare le *acque*
die Wogen besänftigen
mi viene l'*acquolina* in bocca
mir läuft das Wasser im Mund zusammen
cambiare *aria*
für eine Luftveränderung sorgen
buttare all'*aria*
durcheinander werfen
saltare in *aria*
in die Luft fliegen
qualcosa è nell'*aria*
es liegt etwas in der Luft
darsi delle *arie*
sich aufspielen
scherzare col *fuoco*
mit dem Feuer spielen
soffiare sul *fuoco*
in die Glut blasen
gettare acqua sul *fuoco*
schlichtend eingreifen
mettere troppa carne al *fuoco*
zu viel auf einmal unternehmen
essere al settimo *cielo*
im siebten Himmel sein
toccare il *cielo* con un dito
überglücklich sein / den Himmel offen sehen
non sta nè in *cielo* nè in terra
das hat die Welt noch nicht gesehen
cadere dalle *nuvole*
aus allen Wolken fallen
portare qualcuno alle *stelle*

jdn in den Himmel heben
dalle *stelle* alle stalle
aus der Höhe in die Tiefe
vedere le *stelle*
Sterne (Sternchen) sehen
avere dei *numeri*
Fähigkeiten (Mögligkeiten)
haben
essere il numero *uno*
die Nummer eins (der Beste)
sein
fare *quattro* chiacchiere
ein Schwätzchen halten
fare *quattro* passi
einen kleinen Spaziergang
machen
fare *quattro* salti
das Tanzbein schwingen
**parlare a *quattr'*occhi con
qualcuno**
mit jdm unter vier Augen
sprechen
gridare ai *quattro* venti
in alle Welt hinausposaunen
farsi in *quattro*
sich für jdn krummlegen
in *quattro* e *quattr'otto*
im Handumdrehen
essere ridotto a *zero*
völlig abgebrannt sein
sparare a *zero*
das Magazin leer schießen
sparare a *zero* contro qualcuno
jdn hart angreifen
essere uno *zero*
eine Null sein

5. varie
avere *alti* e bassi
Höhen und Tiefen durchleben
essere in *alto* mare
noch weit vom Ziel entfernt
sein
guardare dall'*alto* in basso
von oben herabschauen
essere alle prime *armi*
Anfänger sein
non avere nè *arte* nè parte
nichts gelernt haben
piantare qualcuno in *asso*
jdn im Stich lassen
avere l'*asso* nella manica
einen Trumpf im Ärmel haben
mettere i *bastoni* fra le ruote
jdm (einen) Knüppel zwischen
die Beine werfen
mettere il *becco* dappertutto
überall seine Nase

hineinstecken
**non avere il *becco* di un
quattrino**
keine müde Mark besitzen
darla a *bere* a qualcuno
jdm etwas weismachen
notte in *bianco*
schlaflose Nacht
mettere nero su *bianco*
schwarz auf weiß
niederschreiben
essere nella stanza dei *bottoni*
am Schalthebel sitzen
vivere nel proprio *buco*
zurückgezogen leben
fare un salto nel *buio*
einen Sprung ins Ungewisse tun
perdere la *bussola*
die Fassung verlieren
**rimandare qualcosa alle *calende*
greche**
etw auf den Sankt-Nimmerleins-
Tag verschieben
fare il *callo*
sich an etw gewöhnen
essere nato con la *camicia*
ein Glückskind sein
sudare sette *camicie*
Herkulesarbeit verrichten
sordo come una *campana*
stocktaub
sentire le due *campane*
beide Meinungen hören
battere *cassa*
um Geld bitten, schnorren
avere la *coda* di paglia
ein schlechtes Gewissen haben,
Dreck am Stecken haben
**avere il *coltello* dalla parte
del manico**
das Heft in der Hand haben
essere giù di *corda*
missgestimmt sein
tagliare la *corda*
Reißaus nehmen / sich aus dem
Staub machen
tirar troppo la *corda*
den Bogen überspannen
**essere teso come le *corde* di un
violino**
gespannt sein wie ein
Flitzebogen
tagliar *corto*
es kurz machen
alzare/abbassare la *cresta*
den Kopf hoch tragen/einziehen
essere sulla *cresta* dell'onda
auf dem Gipfel des Erfolgs sein

tenere *duro*
durchhalten
fare di ogni *erba* un fascio
alles in einen Topf werfen
stare all'*erta*
auf der Hut sein
non è *farina* del tuo sacco
das ist nicht auf deinem Mist
gewachsen
essere fuori *fase*
nicht in Form sein
fatti i *fatti* tuoi!
kümmere dich um deine eigenen
Angelegenheiten!
sapere il *fatto* proprio
sich zu helfen wissen
far *faville*
Erfolg haben / groß rauskommen
fare *fiasco*
Schiffbruch erleiden
dare *filo* da torcere
eine harte Nuss für jdn sein
**scavarsi la *fossa* con le
proprie mani**
sich sein eigenes Grab
schaufeln
essere al *fresco*
hinter schwedischen Gardinen
sein
far *fronte* alle difficoltà
den Schwierigkeiten begegnen
far *fronte* agli impegni
den Verpflichtungen nachkommen
tener *fronte* a qualcuno
jdm die Stirn bieten
andare a *fronte* alta/bassa
erhobenen/gesenkten Hauptes
andare su tutte le *furie*
vor Wut kochen
uscire dai *gangheri*
aus der Haut fahren
fare la *gavetta*
von der Pike auf lernen
essere su di *giri*
aufgedreht sein
prendere in *giro* qualcuno
jdn auf den Arm nehmen
piantare una *grana*
Stunk machen
**spezzare una *lancia* a favore di
qualcuno**
für jdn eine Lanze brechen
ridursi sul *lastrico*
auf den Hund kommen
scendere in *lizza*
in die Schranken treten
perdere il *lume* della ragione
den Verstand verlieren

chiedere la *luna*
nach den Sternen greifen
avere la *luna* storta
schlechte Laune haben
abbaiare alla *luna*
den Mond anbellen
sbarcare il *lunario*
in kümmerlichen Verhältnissen
leben
rimboccarsi le *maniche*
die Ärmel hochkrempeln
godersela un *mondo*
sich köstlich amüsieren
vedere *nero*
schwarz sehen
avere paura della propria *ombra*
sich vor seinem eigenen
Schatten fürchten
**cadere dalla *padella* nella
brace**
vom Regen in die Traufe kommen
cogliere la *palla* al balzo
die Gelegenheit beim Schopf
ergreifen
rendere *pan* per focaccia
Gleiches mit Gleichem vergelten
a ogni morte di *papa*
alle Jubeljahre (einmal)
capiti a *pennello*
du kommst gerade richtig
usare due *pesi* e due misure
mit zweierlei Maß messen
far *piazza* pulita
reinen Tisch machen
mettersi in *pompa* magna
sich in Schale werfen
dare dei *punti* a qualcuno
jdm etwas vormachen / jdm
überlegen sein
partire in *quarta*
loslegen
mettersi in *riga*
sich in Reih und Glied
ausstellen
cercare *rogna*
Händel suchen
fare alla *romana*
getrennte Kasse machen
essere l'ultima *ruota* del carro
das fünfte Rad am Wagen sein
**cogliere qualcuno con le mani
nel *sacco***
jdn auf frischer Tat ertappen
mettere qualcuno nel *sacco*
jdn reinlegen
avere poco *sale* in zucca
wenig Grips im Kopf haben
vivere/mangiare a *sbafo*

schnorren
fare le *scarpe* a qualcuno
jdn täuschen
***scherzo* da prete**
schlechter Scherz
stare allo *scherzo*
Spaß vertragen
neppure per *scherzo*
auf gar keinen Fall
gettare la *spugna*
das Handtuch werfen
bere come una *spugna*
saufen wie ein Loch
tenere il piede in due *staffe*
zwei Eisen im Feuer haben
perdere le *staffe*
aus der Fassung geraten
rimanere di *stucco*
verblüfft dastehen, wie vom
Donner gerührt sein
bruciare le tappe
sich gewaltig ins Zeug legen
pescare nel *torbido*
im trüben fischen
andare a gonfie *vele*
mit vollen Segeln fahren
essere al *verde*
blank sein
non darsi per *vinto*
sich nicht geschlagen geben

Compiti:

Proposta per l'insegnante:

Divedere il gruppo in piccoli
gruppi. Ogni gruppo deve
cercare 10 esempi per ognuna di
queste espressioni (senza
fargli vedere la traduzione) e
dopo presentarli agli altri.

48- prendere, fare, dare

prendere

Prendere o lasciare
Prendere qualcuno per il naso
Prendere in giro
Prendere coraggio
Prendere aria
Prendere fuoco
Prendere parola
Prendere forma
Prendere appunti
Prendersi cura di
Prendersela con
Prendersela a cuore
Prendersela comoda

fare

Fare amicizia
Fare acquisti
Fare la spesa
Fare sapere
Fare vedere
Il modo di fare
Fare sport
Fare male/ bene
Farsi notare
Farsi la doccia
Farsi male
Farsi sentire
Per il fatto
Di fatto
Fatto a mano
Il dolce far niente

dare

Darsi del tu/ Lei
Dare una festa
Dare una mano
Dare... anni a
Dato...
Dare una notizia...
Dare il buongiorno a...
Dare su
Può darsi che
Il dare e l'avere

Compito:

Scrivi una frase con ogni esempio!

49-   Stadt Land FLuss

paese	lingua	nome	lavoro	animale

50-   Che cosa va insieme?

… lo uso per lavare i miei denti….   *lo zucchero*
… lo metto dentro il caffè ….   *il sapone*
… lo uso per aprire la porta …   *gli imbianchini*
… lo uso per lavare le mani …   *lo spazzolino*
… dipingono le pareti …   *la chiave*

Compiti:

1. Lavorate in due e trovate altri esempi!
2. Poi fate un quiz con gli altri gruppi!

51- __DIVERSI NEGOZI__

Dove vai per comprare cosa?
Completa!

<ins>p.e.:</ins>

Vado in macelleria per comprare della carne.
Vado in...

52–   ALFABETO ITALIANO

Youtube
https://www.youtube.com/watch?v=mhNEPeQ4FkY

Compiti:

1. Quali parole hai sentito?
2. Cerca altre parole per ogni lettera!

A
B
C
D
E
F
G
I
L
M
N
O
P
Q
R
S
T
U
V
X
Y
Z

53- *Il filobus 75*

Una mattina il filobus numero 75, in partenza da Monteverde Vecchio per Piazza Fiume, invece di scendere verso Trastevere, prese per il Gianicolo, svoltò giù per l'Aurelia Antica e dopo pochi minuti correva tra i prati fuori Roma come una lepre in vacanza.

I viaggiatori, a quell'ora, erano quasi tutti impiegati, e leggevano il giornale, anche quelli che non lo avevano comperato, perché lo leggevano sulla spalla del vicino. Un signore, nel voltar pagina, alzò gli occhi un momento, guardò fuori e si mise a gridare:
"Fattorino, che succede? Tradimento, tradimento!"
Anche gli altri viaggiatori alzarono gli occhi dal giornale, e le proteste diventarono un coro tempestoso:
"Ma di qui si va a Civitavecchia!"
"Che fa il conducente?"
"È impazzito, legatelo!"
"Che razza di servizio!"
"Sono le nove meno dieci e alle nove in punto debbo essere in Tribunale, - gridò un avvocato, - se perdo il processo faccio causa all'azienda."

Il fattorino e il conducente tentavano di respingere l'assalto, dichiarando che non ne sapevano nulla, che il filobus non ubbidiva più ai comandi e faceva di testa sua. Difatti in quel momento il filobus uscì addirittura di strada e andò a fermarsi sulle soglie di un boschetto fresco e profumato.

"Uh, i ciclamini" - esclamò una signora, tutta giuliva.
"È proprio il momento di pensare ai ciclamini" - ribatté l'avvocato.
"Non importa, - dichiarò la signora, - arriverò tardi al ministero, avrò una lavata di capo, ma tanto è lo stesso, e giacché ci sono mi voglio levare la voglia dei ciclamini. Saranno dieci anni che non ne colgo."
Scese dal filobus, respirando a bocca spalancata l'aria di quello strano mattino, e si mise a fare un mazzetto di ciclamini.

Visto che il filobus non voleva saperne di ripartire, uno dopo l'altro i viaggiatori scesero a sgranchirsi le gambe o a fumare una sigaretta e intanto il loro malumore scompariva come la nebbia al sole. Uno coglieva una margherita e se la infilava all'occhiello, l'altro scopriva una fragola acerba e gridava:

"L'ho trovata io. Ora ci metto il mio biglietto, e quando è matura la vengo a cogliere, e guai se non la trovo."

Difatti levò dal portafogli un biglietto da visita, lo infilò in uno stecchino e piantò lo stecchino accanto alla fragola. Sul biglietto c'era scritto: - Dottor Giulio Bollati.

Due impiegati del ministero dell'Istruzione appallottolarono i loro giornali e cominciarono una partita di calcio. È ogni volta che davano un calcio alla palla gridavano: "Al diavolo!"
Insomma, non parevano più gli stessi impiegati che un momento prima

volevano linciare i tranvieri. Questi, poi, si erano divisi una pagnottella col ripieno di frittata e facevano un picnic sull'erba. "Attenzione!" - gridò ad un tratto l'avvocato.

Il filobus, con uno scossone, stava ripartendo tutto solo, al piccolo trotto. Fecero appena in tempo a saltar su, e l'ultima fu la signora dei ciclamini che protestava: - Eh, ma allora non vale. Avevo appena cominciato a divertirmi.

"Che ora abbiamo fatto?" - domandò qualcuno.
"Uh, chissà che tardi."
E tutti si guardarono il polso. Sorpresa: gli orologi segnavano ancora le nove meno dieci. Si vede che per tutto il tempo della piccola scampagnata le lancette non avevano camminato. Era stato tempo regalato, un piccolo extra, come quando si compra una scatola di sapone in polvere e dentro c'è un giocattolo.

"Ma non può essere!" - si meravigliava la signora dei ciclamini, mentre il filobus rientrava nel suo percorso e si gettava giù per via Dandolo.

Si meravigliavano tutti. E sì che avevano il giornale sotto gli occhi, e in cima al giornale la data era scritta ben chiara: 21 marzo. Il primo giorno di primavera tutto è possibile.

(Tratto da "Favole al telefono" - Edizioni Einaudi)[3]

Compiti:

1. Ascolta: https://www.youtube.com/watch?v=kY-T3uNyRfI
2. Leggi il testo.
3. Rispondi alle seguenti domande:

   a. Chi sono le persone sull'autobus?
   b. Com'è il luogo dove l'autobus si ferma?
   c. Riassumi la storia.
   d. Che faresti tu con un tempo regalato?

---

[3] http://www.musicaememoria.com/gianni_rodari_il_filobus_numero_75.htm.

54- La festa delle castagne e del miele di castagno (Valle di Soffumbergo)

Scarica il programma da:
http://www.prolocovalledisoffumbergo.it

Compiti:

1. Leggi il programma.
2. Rispondi alle seguenti domande:

   a. Dov'è la manifestazione?
   b. Cosa è speciale dal punto di vista visuale a Soffumbergo?
   c. Nomina che cosa sai del Valle di Soffumbergo. (abitanti, etc.)
   d. Dove si svolge la manifestazione?
   e. Quali prodotti si possono assaggiare alla manifestazione?
   f. Cosa si può fare alla festa?

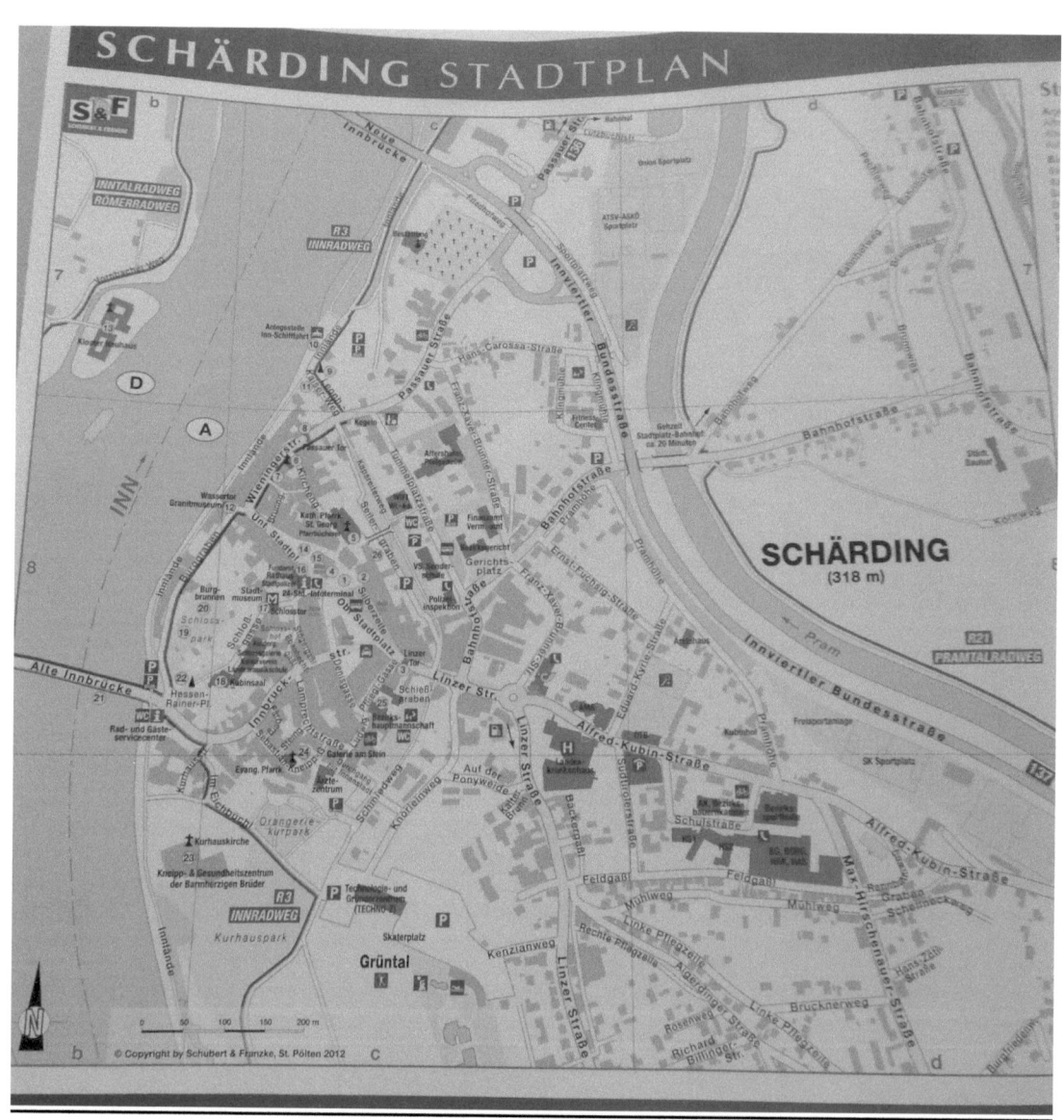

Compiti:

Chiedete la via per...

Scusi, mi sa dire dov`è....?

Compiti:

1. Racconta una storia per ogni via!
2. Adesso trova un nome per la tua via e racconta la storia!

57- __Fare una merenda__

Portate per il vostro corso **un piatto tipico italiano** (della mozzarella, dell'olio d'oliva, ecc.) e poi fate una mostra dei tipici piatti/ prodotti alimentari italiani. Lavorate in due e presentate il vostro prodotto come se foste ad un mercato!

58- AMA E FATTI AMARE E SII FELICE. I Dieci Comandamenti (Roberto Benigni)

"Si ricapitola, si riassume in questa parola: amarsi; però c'è una cosa da dire: che il tempo passa, e il problema fondamentale dell'umanità da 2000 anni è rimasto lo stesso... amarsi. Solo che ora è diventato più urgente, molto più urgente, e quando oggi sentiamo ancora ripetere che dobbiamo amarci l'un l'altro, sappiamo che ormai non ci rimane molto tempo. Ci dobbiamo affrettare, affrettiamoci ad amare, noi amiamo sempre troppo poco e troppo tardi, affrettiamoci ad amare, perché al tramonto della vita saremo giudicati sull'amore, perché non esiste amore sprecato e perché non esiste un'emozione più grande di sentire quando siamo innamorati che la nostra vita dipende totalmente da un'altra persona, che non bastiamo a noi stessi, e che tutte le cose, ma anche quelle inanimate come le montagne, i mari, le strade, di più, il cielo, il vento, le stelle, le citta, i fiumi, le pietre, i palazzi… tutte queste cose, che di per sè sono vuote, indifferenti, improvvisamente quando le guardiamo si caricano di significato umano e ci affascinano, ci commuovono, e perché? Perché contengono un presentimento d'amore, anche le cose inanimate, perché il fasciame di tutta la creazione è amore e perché l'amore combacia con il significato di tutte le cose: la felicità. Si, la felicità. E a proposito di felicità, a proposito, cercatela, tutti i giorni, continuamente e anzi, chiunque mi ascolti ora, si metta in cerca della felicità ora, in questo momento stesso perché è lì, ce l'avete, ce l'abbiamo perché l'hanno data a tutti noi, ce l'hanno data in dono quando eravamo piccoli, ce l'hanno data in regalo, in dote, ed era un regalo così bello che l'abbiamo nascosto, come fanno i cani con l'osso, quando lo nascondono; e molti di noi l'hanno nascosto così bene che non si ricordano più dove l'hanno messo, ma ce l'avete, ce l'abbiamo. Guardate in tutti i ripostigli, gli scaffali, gli scomparti della vostra anima, buttate tutto all'aria: i cassetti, i comodini che avete dentro. Vedrete che esce fuori, c'è la felicità. Provate a voltarvi di scatto, magari la pigliate di sorpresa ma è lì, dobbiamo pensarci sempre alla felicità, e anche se lei qualche volta si dimentica di noi, noi non ci dobbiamo mai dimenticare di lei, fino all'ultimo giorno della nostra vita.

E non dobbiamo avere paura nemmeno della morte, guardate che è più rischioso nascere che morire eh! Non bisogna avere paura di morire, ma di non cominciare mai a vivere davvero. Saltate dentro l'esistenza ora, qui, perché se non trovate niente ora, non troverete niente mai più. È qui l´eternità, allora dobbiamo dire "SI" alla vita, dobbiamo dire un SI talmente pieno alla vita che sia capace di arginare tutti i no, perché alla fine di queste due serate insieme, abbiamo capito che non sappiamo niente e che non ci si capisce niente, e si capisce solo che c'è un gran mistero che bisogna prenderlo come è e lasciarlo stare, e che la cosa che fa più impressione al mondo è la vita che va avanti e non si capisce come faccia; "Ma come fa? Come fa a resistere? Ma come fa a durare così?" è un altro mistero, e nessuno lo ha mai capito, perché la vita è molto più di quello che possiamo capire noi, per questo resisti. Se la vita fosse solo quello che capiamo noi, sarebbe finita già da tanto, tanto tempo, e noi lo sentiamo, lo sentiamo che da un momento all'altro ci potrebbe capitare qualcosa di infinito, e allora ad ognuno di noi non rimane che una cosa da fare: inchinarsi."

Compiti:

1. **Trova i verbi dei tempi diversi:**

Imperativ
Condizionale 1
Futuro 1
Presente
Passato Prossimo
Imperfetto
Konjunktiv Imperfekt
Condizionale 2

2. **Domande sul testo:**

a. **Cos'è diventato sempre più urgente?**
b. **Cosa dovremmo cercare ogni giorno?**
c. **Di che cosa non dobbiamo avere paura?**

59- I gesti

TESTO IN ITALIANO COLLOQUIALE

Roberto — È un po' tardi, io vado
Daniela — E dove vai?
Roberto — Ho fame: vado a mangiarmi due spaghetti
Daniela — Spaghetti? Mmm buoni!
Roberto — Non immagini quanto. Al bacio!
Daniela — Mi viene l'acquolina in bocca...
Roberto — Andiamo insieme?
Daniela — Sì?
Roberto — Ma sì, andiamo!
Daniela — Sii.
Roberto — Allora vieni?
Daniela — Solo un momento: devo fare una telefonata.
Roberto — Ma... una cosa veloce?
Daniela — Sì sì, solo un momento
Roberto — Stringi, eh?
Roberto — Taglia dai...
Daniela — Un momento solo.
Roberto — Ma taglia!!!
Daniela — E un momento... guarda che ti picchio!
Roberto — Che barba!
Roberto — Che palle!
Daniela — Un momento... vaffanculo...
Roberto — Vaffanculo a me? Oh, ma sei matta? Mamma mia questa...
Daniela — Ecco. Finito. Uff....
Roberto — Oh, finalmente. Tutto ok, sì?
Daniela - Be', veramente... così così...
Roberto — Che c'è?
Daniela — Cioè... io... soldi... niente.
Roberto — Tu soldi niente? Eheh, sei furbina tu! Molto.
Daniela — Io? Ma sono un angioletto!
Roberto — Sì sì, vabbè... andiamo dai!
Daniela — Sì? Io e te andiamo a mangiare questi spaghetti?
Roberto — Io e te a mangiare gli spaghetti? No guarda…
Roberto — Io mangio gli spaghetti. Tu guardi![4]

Compiti:

1. Guarda il video su http://www.scudit.net/mdgesti2.htm.
2. Di che cosa stavano parlando le due persone?
3. Che gesti avete notato?
4. Adesso leggete la trascrizione del video.

---

[4] http://www.scudit.net/mdgesti2.htm.

60- Gli stereotipi: Gli italiani vs i tedeschi

https://www.youtube.com/watch?v=uKC4XGGlnRI&list=PLm4uG_SgTrpo KdnBBWVoyed3fDoXE8Wpq&index=9

„ITALIA VS EUROPA video divertente!!!"

Compiti:

1. Guarda il video!
2. Quali stereotipi sono stati presentati nel video? Che cosa ne pensate?
3. Conoscete altri stereotipi sugli italiani e sui tedeschi? Parlatene!

61- L'italiano è la quarta lingua più studiata nel mondo

Al primo posto l'inglese, al secondo il francese e al terzo lo spagnolo. Dietro il successo anche la passione per la nostra cucina

Il rating è lunghissimo, un elenco di più di seimila nomi, ordinato rigorosamente, come una classifica universale. Sono le lingue più studiate al mondo. Al primo posto, e non è una notizia, c'è l'inglese, al secondo il francese, al terzo lo spagnolo. E, sorpresa, al quarto c'è l'italiano. Sì, proprio l'idioma di Dante, che supera cinese, giapponese, tedesco. Un trionfo, insomma.
Il rating è stato realizzato confrontando più fonti (quasi tutte universitarie) dei paesi stranieri.

Il motivo del successo dell'italiano? «Credo la popolarità e la diffusione della nostra lingua, maggiore a volte degli idiomi di importanti potenze economiche, sia dovuto a più fattori — spiega Tavosanis -. Il primo è certamente la cultura italiana. Non solo Dante, però, anche gli scrittori contemporanei. Piacciono in ugual modo narrativa, poetica, saggistica. Poi influisce molto la musicalità del parlare italiano e ovviamente la lirica nella quale trionfa. Anche il cibo, soprattutto negli ultimi anni, ha spinto tanti stranieri a studiare i nostri vocaboli, magari solo per leggere divine ricette». Secondo Tavosanis, l'amore per l'italiano deve essere una spinta per un notevole rinnovamento culturale.[5]

Tu perché studi l'italiano?

---

[5] http://www.corriere.it/scuola/14_giugno_16/dante-pizza-italiano-quarta-lingua-piu-studiata-mondo-4edfb4fe-f57a-11e3-ac9a-521682d84f63.shtml.

https://www.youtube.com/watch?v=b2OcKQ_mbiQ

Và!
Come ti _____?
_____.
_____.
_____.
Quanti anni hai?
Undici.
Nove e mezzo.
Sette.
Otto.
Che vuoi fare da grande?
Il _____.
Il _____.
Il pasticciere.
Il _____.
il _____.
Perché?
Perché… voglio _____ una casa dei miei _____.
Perché mi _____ inguagliare.
_____ le _____.
Perché voglio la pizza. (dialetto)

E _____ … è Martina.
Che ti piace _____ lei?
Gli _____ mi piacciono.
Le sue _____, le sue _____.
gli _____, i suoi _____ sincerità, _____ i capelli tutto!
Sei una _____ bambina!
Mi fidanzerei.

E ora falle una _____!
Falle una _____!

E ora … dalle uno _____!
Uno schiaffo forte!
Uno schiaffo!
Dai!
No? — No!
Non ce lo _____!
No! No! …

E perché no?
Eh…
Perché lei è _____
non ce lo posso mai dà (dare)
(dialetto
perché le femmine non si picchiano
perché così ____ ____
_____
Perché _____ non vuole far picchiare
Prima _____ è bellina, e non glielo posso dare…perché è una ragazza
perché sono _____ alla _____
si dice anche: *"Le donne non si devono toccare, nemmeno con un fiore"*
e perché è _____
oppure con un _____ di fiori
E Perché? Sono omo! (dialetto)

63- L'imperativo

_____   _____   _____

_____   _____   _____

_____ un favore, per favore!   _____ tutto!
_____ bene!   Se vuoi andare in Italia, _____ !

_____

Compiti:

1. **Quali sono gli imperativi corrispondenti alle immagini sopra?**
2. **Fate dei dialoghi in due:**

   a. Situazione 1: Tuo figlio si annoia. Fagli delle proposte.
   b. Situazione 2: Tu sei un insegnante e parli con i tuoi studenti di che cosa devono fare.
   c. Inventa altre situazioni in cui si possono usare degli imperativi!

64-   La leggenda del pianista sull'oceano

https://www.youtube.com/watch?v=zf-5XQmQW9c&list=PLm4uG_SgTrpoKdnBBWVoyed3fDoXE8Wpq&index=17

Compiti:

1. Guarda e ascolta il video!
2. Domande sul video:

   a. Qual è il confronto che è fatto?
   b. Perché non scende?
   c. Fai un dialogo come nella scena nel video, in cui vuoi convincere un tuo amico/ figlio a scendere dalla nave.

APEROL SPRITZ

LA RICETTA

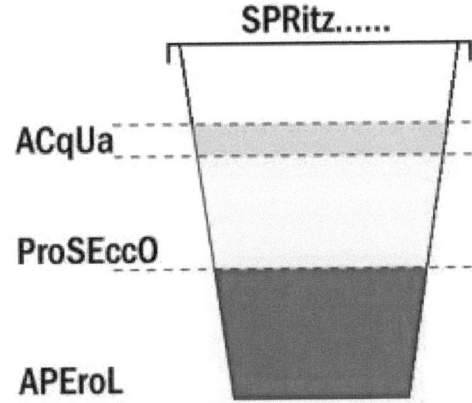

Gli ingredienti:

-
-
-
-
-
-

La preparazione:

_____
_____
_____
_____
_____
_____
_____
_____
_____
_____
_____
_____
_____
_____
_____

Alla salute! ☺

66- Empfohlene Lektüre & Filme
Goditi la lingua italiana su YouTube: ☺

"ITALIA VS EUROPA video divertente!!!"
https://www.youtube.com/watch?v=uKC4XGGlnRI&list=PLm4uG_SgTrpoKdnBBW
Voyed3fDoXE8Wpq&index=9

"Babbo Natale non esiste": le reazioni dei bambini
https://www.youtube.com/watch?v=ZM6enTZBdZM&list=PLm4uG_SgTrpoKdnBBW
Voyed3fDoXE8Wpq&index=11

"Slap her": children's reactions
https://www.youtube.com/watch?v=b2OcKQ_mbiQ&list=PLm4uG_SgTrpoKdnBBW
Voyed3fDoXE8Wpq&index=12

"intervista a Dio"
https://www.youtube.com/watch?v=NitUgEZwED8&list=PLm4uG_SgTrpoKdnBBW
Voyed3fDoXE8Wpq&index=13

„Nella vecchia fattoria"
https://www.youtube.com/watch?v=jl_LrA5nB7g&list=PLm4uG_SgTrpoKdnBBW
Voyed3fDoXE8Wpq&index=16

„AMA E FATTI AMARE E SII FELICE I Dieci Comandamenti - Roberto Benigni"
https://www.youtube.com/watch?v=u9x2aXyBVDI&list=PLm4uG_SgTrpoKdnBBW
Voyed3fDoXE8Wpq&index=19

"Fate la Nanna Coscine di Pollo"
https://www.youtube.com/watch?v=eNiawLTKY_A&list=PLm4uG_SgTrpoKdnBBW
Voyed3fDoXE8Wpq&index=21

Libro consigliato: ELI Illustrierter Wortschatz Italienisch - Neubearbeitung: Bildwörterbuch mit über 1000 Wörtern aus 35 Themenbereichen. Buch mit CD-Rom Gebundene Ausgabe use pre formatted date that complies with legal requirement from media matrix — 9. Juli 2007; ISBN-10: 3125344638

Letteratura:

Gli imbianchi non hanno ricordi: http://www.amazon.de/Gli-Imbianchini-Non-Hanno-Ricordi/dp/0850483646/ref=sr_1_2?ie=UTF8&qid=1448013540&sr=8-2&keywords=gli+imbianchini+non+hanno+ricordi

Schwanilla: http://www.amazon.de/Schwanilla-findet-Gl%C3%BCck-Monika-Krautgartner/dp/3902540249

<u>Film:</u>

- **Manuale d'amore**
- **La vita è bella**
- **La leggenda del pianista**
- **Benvenuti al sud**
- **Pane e tulipani**
- **La tigre e la neve**

Si trovano molte scene su YouTube, come per esempio:

https://www.youtube.com/watch?v=FWQYvG-KLvQ&list=PLm4uG_SgTrpoKdnBBWVoyed3fDoXE8Wpq&index=24
Detective Montalbano: True Sicilians

https://www.youtube.com/watch?v=6BWxvt2U1VA&list=PLm4uG_SgTrpoKdnBBWVoyed3fDoXE8Wpq&index=21
Una delle scene più comiche del film "Benvenuti al Sud"

https://www.youtube.com/watch?v=XOGgIzMR-qw&list=PLm4uG_SgTrpoKdnBBWVoyed3fDoXE8Wpq&index=18
La tigre e la neve - È da distesi che si vede il cielo

https://www.youtube.com/watch?v=zf-5XQmQW9c&list=PLm4uG_SgTrpoKdnBBWVoyed3fDoXE8Wpq&index=17
C'era tutto, tranne la fine - La leggenda del pianista sull'oceano

Über die Autorin:

Manuela Gassner arbeitet seit ihrem an der Universität Passau abgeschlossenen Studium als Unternehmerin, Jugendcoach, Sprachtrainerin und diplomierte Mentaltrainerin.Ihre Interessen gelten den Fremdsprachen, der Pädagogik, Psychologie und Philosophie, dem Mentaltraining, der Literatur und dem Schreiben und der Arbeit mit Kindern und Jugendlichen.

Weitere Werke der Autorin:

Pronto!: Die italienische Grammatik. Theorie und Übungen mit Lösungen,
ISBN-10: 3739207736, bestellbar auf www.amazon.de, 180 Seiten.

Kontaktadresse:

girasole@gmx.at
www.italienische-grammatik.com
www.mentaltrainers.at
www.seraphina.world

Ich freue mich über Ihre Anregungen, Fragen und Ihr Feedback! ☺

Platz für eigene Notizen:

Platz für eigene Notizen: